数字化转型

时代趋势 + 技术分析 + 落地方案

徐鹏　李杰　常亮◎著

中国财富出版社有限公司

图书在版编目（CIP）数据

数字化转型：时代趋势＋技术分析＋落地方案／徐鹏，李杰，常亮著．
—北京：中国财富出版社有限公司，2023.8
ISBN 978－7－5047－7969－4

Ⅰ．①数…　Ⅱ．①徐…　②李…　③常…　Ⅲ．①企业管理—数字化
Ⅳ．①F272.7

中国国家版本馆 CIP 数据核字（2023）第 153709 号

策划编辑	郑晓雯　周　畅	**责任编辑**	周　畅	**版权编辑**	李　洋
责任印制	梁　凡	**责任校对**	卓闪闪	**责任发行**	杨　江

出版发行	中国财富出版社有限公司	
社　　址	北京市丰台区南四环西路 188 号 5 区 20 楼　　**邮政编码**　100070	
电　　话	010－52227588 转 2098（发行部）　　010－52227588 转 321（总编室）	
	010－52227566（24 小时读者服务）　　010－52227588 转 305（质检部）	
网　　址	http://www.cfpress.com.cn　　**排　版**　宝蕾元	
经　　销	新华书店　　**印　刷**　宝蕾元仁浩（天津）印刷有限公司	
书　　号	ISBN 978－7－5047－7969－4/F·3596	
开　　本	710mm×1000mm　1/16　　**版　次**　2024 年 1 月第 1 版	
印　　张	11.25　　**印　次**　2024 年 1 月第 1 次印刷	
字　　数	146 千字　　**定　价**　49.80 元	

序

　　数字经济毫无疑问是当今经济发展的重点，也是未来经济发展的重要支撑。在数字经济浪潮涌起之前，全球经济已经高速发展了几十年，各种科学技术层出不穷，各种新兴产业如雨后春笋般涌现。

　　事物在发展中皆可能遇到瓶颈，虽然全球经济形势依旧向好，但增速已经逐渐放缓。而数字经济无疑是打破经济发展瓶颈、推动经济高质量发展的关键。

　　《中国数字经济发展与就业白皮书（2019 年）》中的相关数据显示，2018 年我国的数字经济规模已达 31.3 万亿元，占全国 GDP 的 34.8%。而根据《中国互联网发展报告 2022》，2021 年我国的数字经济规模再创新高，达到 45.5 万亿元，占 GDP 比重为 39.8%。这些数据证明我国足够重视数字经济的发展，数字经济也为我国的经济发展做出了不可磨灭的贡献。

　　企业是经济发展的主力，企业数字化转型迫在眉睫。现阶段的企业数字化转型是在信息化的基础上，利用数字化的技术将资源整合，重构企业的价值体系，为客户、市场、社会提供全新的产品和服务，传递新的价值理念。

　　时代在发展，经济形势也一直处于变化之中。面对数字经济时代的挑战，退缩可能会让企业陷入深渊。唯有迎难而上，勇于抓住数字化转型的机遇，企业才能赢得生机。

当然，企业数字化转型并非一朝一夕能完成的，也不是购买了最新型的设备、组建了最先进的数字化生产线就能够实现的。进行数字化转型需要企业长期努力，从根据企业所处阶段判断是否应当进行数字化转型，到确定如何进行数字化转型，再到实施数字化转型战略，每一步都需要耗费大量的精力与资金。在进行数字化转型时，某日用品工厂没有仔细地考虑过这些内容，也没有实施数字化转型战略的数字化人才，只是盲目贷款购买大批新设备，这导致其产品质量与其他厂家无法拉开差距，最后不得不宣布破产。

因此，若想将数字化转型的优势转化为竞争优势，就需要稳扎稳打，走好每一步。先想再做，才不会犯大错。

本书系统地整理了近年来诸多企业的数字化转型案例，用通俗易懂的语言将数字化转型的理论知识和案例经验结合，让各行各业的读者都能够找到与自身相关的要点，并能够将其应用到实际操作中。我相信在不久的将来，数字化转型将成为每家企业发展的必选项。

清华、北大网络营销总裁班导师

胡润食品榜首发执行主席

前　言

机会永远留给有准备的人。在数字化浪潮汹涌而来的今天，企业选择数字化转型，既是顺应时代发展的需要，又是应对时代挑战的必然选择。

众多投资者对数字经济产业抱有很大的期待，数字经济成为名副其实的经济增长新风口。在数字经济与实体经济日益融合的今天，企业若能早一步实现数字化转型，就能早一步在激烈的市场竞争中占据优势地位。因此，企业进行数字化转型刻不容缓。

某农产品生产企业以绿色有机蔬菜种植与销售为主要业务。随着市场竞争日益激烈，该企业想要降低成本，进一步提高效益。这就需要企业随时掌握大棚内的湿度、温度、光照等数据，并能够对其进行分析，以此为依据来及时调整大棚的相关设备。

获取和分析这些数据是一个庞大的工程。如果企业使用物联网、温室智能控制系统等，就能够达成以上目标，甚至可以利用数字孪生技术模拟真实种植情况，提前演练如何预防病虫害等问题。如此一来，该企业能够省去很多不必要的成本投入，还能够提高生产效率。

随着时代的发展，会有更多的管理者意识到数字化转型的重要性。数字化转型能够有效提升企业的市场竞争力，所以企业一定要把握住数字经济大发展的机会，从战略制定到具体实施，每一步都要稳扎稳打。同时，其要和上下游合作伙伴进行良好沟通，共建和谐的数字化生态体系。

　　企业管理者也需要明白，数字化转型是一个长期的过程。在转型初期，由于对技术、人才、设备大量投入，企业的效益可能会有所下降。一般而言，企业在进行数字化转型的 5 年之后才会看到回报。因此，企业管理者一定要在转型之前对企业的实际情况做好评估，不仅要制定宏观战略，还要将其细分落地，使每一个环节都有机地结合在一起。数字化转型需要花费大量的资源，企业需要量力而行，可以分批次、分环节进行数字化转型，只要上下一心，定能攻坚克难、转型成功。

　　本书不仅从管理者的角度出发，探讨了企业的顶层设计，还从员工、团队等视角对数字化转型进行详解并提出了具体措施。此外，本书引入了众多经典案例，使读者能够更加直观理解其中的理论内容和实践方法，更好地应用数字化技术和理念为企业赋能。

目　录

第一章 数字化转型是企业持续增长的 新引擎

信息技术高速发展加速了许多企业业务的云化和数字化进程。随着各类高新技术广泛应用于各大领域，我国企业数字化转型进程持续加快。农业、工业、服务业等领域企业和多种数字化技术建立连接，以加速实现数字化转型。

第一节 人类文明进入数字化新阶段

2013年，德国率先提出工业4.0的概念，这意味着人类正式进入了以大数据、云计算等数字化技术为核心的数字化新阶段。数字化不只是一个概念，更是一场革命。就像曾经的农业革命、第一次工业革命、第二次工业革命、信息革命那样，人类文明正在经历数字化革命，所有生产、生活方式都可能被重塑。

一、数字化带来新变革

随着物联网、大数据、云计算、区块链等数字化技术的发展，产业结构和经济结构改变，社会生产力及组织运行效率提升。面对数字化时代，企业的首要任务就是明确数字化带来了哪些变化，从而调整经营策略，应对挑战。

1. 业务流程的变化

很多人认为互联网的发展使一些行业必须"推倒重做"，即将线下的业务在线上重构，这实际上是业务流程的变化。例如，会计电算化就属于业务流程的变革，不过只是复制性流程变革，而如今业务流程的变化越来越彻底，不只是将线下的业务流程复制到线上，还通过数字化手段改变了原有的业务流程。

2. 生产要素的变化

随着数字化程度的加深，企业积累的数据会越来越多，数据也就成了企业数字化转型的主角，即经营过程中重要的生产要素。很多企业管理者虽然都知道数据的重要性，但对于如何将数据变为生产要素，以及如何发挥数据的价值等问题没有头绪。

例如，某企业的 App（应用程序）有 5 万名用户，其中 60% 是男性，40% 是女性。这是普通的统计数据，很难为企业带来价值，也很难变成企业的生产要素。但如果这些数据精细到个人，例如，这些用户多大年纪、喜欢浏览哪类信息、近期买了什么东西等，就有可能成为企业的生产要素，为企业提供价值。

另外，随着数据的价值被广泛认可，数据确权的问题也进入大众视野。因此，企业要重视数据的所有权问题，识别出哪些数据需要精细到个体维度，尽快把握机会，为数据转化为企业的生产要素做足准备。

3. 能够处理生产要素的人的变化

生产要素和人相结合才能成为生产力。企业生产要素的变革促进了人的变革，企业要找到合适的人来处理这些新的生产要素，从而推动企业数字化转型。

那么，数字化人才应该具备什么能力呢？

一是数字化愿景能力，即以用户为中心的思维能力。

二是数字创造能力，即基于数字化技术的业务创新能力。

三是融合领导能力，即基于共生团队的管理与组织能力。

四是数字化人才建设能力，即基于共创的组织进化能力。

总而言之，数字化时代已经到来。企业若想勇立潮头，走在时代前列，就必须主动调整自己的经营思路和决策，适应数字化带来的新变化。

二、《"十四五"数字经济发展规划》

数字经济是继农业经济、工业经济之后的重要经济形态，是重组全球要素资源、重塑全球经济结构的关键力量。《"十四五"数字经济发展规划》（以下简称"规划"）是我国数字经济领域首部国家级专项规划。"规划"明确了"十四五"时期数字经济发展的指导思想、基本原则、发展目标、重点任务和保障措施等，对数字经济的未来发展进行全面描绘。

"规划"提出了发展数字经济的八项重点任务。

一是优化升级数字基础设施，包括加快建设信息网络基础设施、推进云网协同和算网融合发展、有序推进基础设施智能升级。

二是充分发挥数据要素作用，包括强化高质量数据要素供给、加快数据要素市场化流通、创新数据要素开发利用机制。

三是大力推进产业数字化转型，包括加快企业数字化转型升级、全面深化重点产业数字化转型、推动产业园区和产业集群数字化转型、培育转型支撑服务生态。

四是加快推动数字产业化，包括增强关键技术创新能力、提升核心产业竞争力、加快培育新业态新模式、营造繁荣有序的产业创新生态。

五是持续提升公共服务数字化水平，包括提高"互联网＋政务服务"效能、提升社会服务数字化普惠水平、推动数字城乡融合发展、打造智慧共享的新型数字生活。

六是健全完善数字经济治理体系，包括强化协同治理和监管机制、增强政府数字化治理能力、完善多元共治新格局。

七是着力强化数字经济安全体系，包括增强网络安全防护能力、提升数据安全保障水平、切实有效防范各类风险。

八是有效拓展数字经济国际合作，包括加快贸易数字化发展、推动"数字丝绸之路"深入发展、积极构建良好国际合作环境。

这八项重点任务从基础设施、生产要素、产业水平等多个角度对发展数字经济提出了要求。为满足这些要求，"规划"明确了数据质量提升、重点行业数字化转型提升等11项专项工程。

在数字经济时代，企业在进行数字化转型的过程中面临着严峻的挑战。因此，企业要加快数字化转型的进程，增强企业的竞争力与普惠性，开创发展新局面，从而更好适应时代的发展，更好赋能数字经济新时代。

三、数字经济和实体经济融合

数字经济和实体经济的融合既是大势所趋，也是我国面对时代挑战主动做出的选择。《不断做强做优做大我国数字经济》一文指出，数字经济发展速度之快、辐射范围之广、影响程度之深前所未有，正在成为重组全球要素资源、重塑全球经济结构、改变全球竞争格局的关键力量。因此，抓住数字化转型的机遇，就是把握住了未来几十年经济发展的主动权。

数字经济不仅是经济发展的新风口，还是升级传统产业、优化传统产品的新动力。其有创新性高、覆盖范围广、渗透性强等特点，能够与各行各业的各个环节进行有机结合。因此，数字经济能够以智能化、协同化的方式对实体经济的生产方式进行迭代优化，全面提高实体经济的质量与发展速度，进而推动经济体系的整体升级。

近几年，全球经济发展速度逐渐放缓。在此大背景下，数字化技术对传统产业的赋能使之焕发了新的生机，帮助传统产业实现全方位、多角度、全链条优化升级。与此同时，数字经济和实体经济融合发展成为驱动经济增长的新引擎。

数字经济的生产要素是数据。实体经济能够为数字经济提供数据来源与应用市场，数字经济能够为实体经济提供前沿技术与产业结构优化升级动力。企业在加强数据市场建设的同时，要坚持培养高素质的数字化人才，推进教育数字化改革，为数字产业与传统产业数字化转型源源不断地输送人才。

此外，企业要迎难而上，加快数字化转型的进程，解决转型过程中的现实制约问题，依托互联网新技术对传统产业进行全方位升级，探索新形势下数字经济和实体经济融合的生产模式与机制，促进我国经济增长再创新高。

第二节 数字化转型的概念

数字化转型是指利用先进的技术和手段，触及企业核心业务，改变企业创造价值的方式，为用户提供更加先进的个性化产品与服务，最终实现整个产业创新和升级的目的。

一、数字化与数字化转型

数字经济是未来经济发展的重要支点，它能够将传统的生产要素与生产关系重新排列组合，从而使资源得到最有效利用，满足市场日益变化的需求。而企业作为集合生产要素与构建生产关系的主体，其数字化建设情况将直接影响数字经济的发展。

广义上的数字化强调数字化技术对产业模式创新与结构重塑，例如，人工智能赋能汽车产业衍生出自动驾驶技术与无人驾驶汽车产业。数字化不仅能够帮企业降本增效，还会成为引领企业改革、促进经济快速增长的核心力量。

企业的数字化转型实际上就是在信息化的基础上重构企业价值体系的全新过程，即利用先进的数字化技术，如大数据、云计算、区块链等，触及企业的核心业务，转变业务模式、重构组织架构、升级企业文化，使企业为市场提供更具竞争力的产品与服务。

企业的数字化转型并非一蹴而就，它需要长期运营与投入。企业要想做好数字化转型，可以从以下三方面入手。

1. 引入新技术

仅依靠传统的信息技术是无法完成企业的数字化转型的，除了管理与生产系统，企业还需要引入新的数字化技术，打造数据库，将散落在各业务环节的数据收集起来进行集中处理；同时，可以引入远程协作、数字孪生等技术，使办公与生产数字化，打好转型基础。

2. 构建新业务

传统企业内部的各部门、组织之间可能存在沟通不畅的问题，而企业进行数字化转型的前提就是打破部门与部门、环节与环节的壁垒，构建全新的业务链，让数据在业务链中顺畅流动，赋能各个环节。企业要绘制可视化的业务运营全景图，以便领导者能够随时掌握准确的企业运营数据与信息。

3. 打造新生态

构建新的业务链是针对企业内部而言的，而构建一个新的数字化生态是针对整个经济环境而言的。企业若想走好数字化转型之路，仅凭自己的努力是不够的，还需要与上下游合作伙伴共同努力，打通相关环节，以更加公开、透明的形式构建支撑企业数字化转型的生态体系。

二、数字化就是信息化吗

数字化并不等同于信息化，但二者不是对立的关系。二者既存在相同之处，也存在不同之处。

1. 什么是信息化

信息化是指将企业的生产过程、物料管理、客户交互等业务过程通过各种信息系统进行加工，生成新的信息资源进行存储和管理，供各级员工洞察业务变化，做出最佳决策，以实现效益最大化。例如，通过员工管理系统能够进行员工电子建档、岗位调动等。

信息化可以使企业内的人员随时了解业务动态，从而及时调整生产决策、合理配置资源，提高企业应对风险的能力。实际上，信息化就是将企业的业务流程固定化，自动生成业务记录，提高员工的工作效率，提高企业的整体效益。

2. 什么是数字化

数字化是基于大量的数据，对企业的业务流程、运营逻辑等进行数学建模与优化，反作用于企业的日常运营。数字化实际上是一个机器学习的过程，机器反复、大量地学习企业的生产、管理数据和运营模式，利用数字化技术不断地模拟业务流程，寻找生产要素与生产关系的最优排列组合，重构企业价值。

3. 信息化与数字化的区别

信息化的根本目标是通过一系列信息系统提高员工工作效率，它的最终落脚点是企业管理；数字化的根本目标是解决企业的生产、经营问题，实现企业的全方位升级。因此，信息化主要体现在各部门内部，如人力资源部门的员工管理系统、财务部门的财务系统，信息化很少有跨部门的应用；而数字化则是在企业内部各部门、各业务流程之间完成数据信息互通，打破交互壁垒，为业务赋能。

虽然企业在信息化过程中也会收集大量数据信息，但这些数据信息都分散在各个部门、各个流程中，没有被集中整合，因此并没有发挥出应有的作用。而在数字化转型时，数据信息成为一种生产要素、一种企业资产，企业利用各种技术、各种设备将其集中整合，发挥出它的作用。

信息化系统最大的问题在于，无论是企业内部各部门之间的连接，企业与企业之间的连接，还是企业与用户之间的连接，都没有建立起来。因为它并没有得到互联网、物联网等技术的赋能，所以不能迅速对多变的市场需求做出反应。数字化系统则建立在互联网平台上，无论是企业内部还是整体生态内部，都能够实现有机互动，实现工作效率提升、降本增效的目标。

总体而言，企业的数字化转型建立在信息化基础之上。如果没有信息化系统作为基础，就无法直接建立功能完备的数字化系统。因为数字化转型要以信息化系统所收集的数据为前提，在此基础之上，数字化技术会打破各节点之间的壁垒，提高企业的管理效率，优化企业的生产方式，重构企业的价值体系。

三、数字化转型的四步走战略

企业的数字化转型不仅是大势所趋，更是面对日益激烈的市场竞争所做出的主动选择。麦肯锡对全球 150 家知名企业进行了深入跟踪调查，通过观察、记录到的综合表现及数据，麦肯锡将企业如何成功进行数字化转型归结为四步走战略。

首先，企业要结合自身的实际情况制定切实可行的数字化转型战略。各个行业中，能够制定规则的企业凤毛麟角。数字化转型的成本较高，企业都要依据自己的实际情况，制订一套清晰的战略方案，确保转型顺利进行。

其次，有了战略方案之后，企业需要具备数字化能力。企业不能一直被动地适应市场的快速变化，而需要在适应变化的同时，抓住市场变化和用户需求的关键点，以此做出适当生产调整，这才是真正的生存之道。

例如，某玩具生产商通过分析收集到的用户信息，发现用户大多为学龄前儿童的妈妈，于是通过大数据分析明确了学龄前儿童最喜欢的动画角色，之后获得授权并生产相关玩具，获得了不俗的业绩。

再次，企业要有强大且灵活的企业文化，以弥补大数据分析、搜索引擎优化等技术能力不完善的缺陷。

最后，企业需要依据自身的数字化转型战略对组织结构、人才培养、工作考核等方面进行调整，使各部门、各工作环节能够为数字化转型助力。

总而言之，企业若想成功实现数字化转型，一定要稳扎稳打，切不可好高骛远。企业既要有长期目标，也要有配套的分阶段落地措施。

同时，企业的发展规划既要有技术、设备支持，也要有组织、团队认真执行。

第三节　企业为什么要进行数字化转型

数字化时代，人们的生活方式已经发生巨大改变。企业面对用户不断升级的消费需求，需要改变原有的生产、服务方式，才可能在市场竞争中获胜。同时，产品同质化与生产成本增加使企业不得不开始思考新出路，而数字化转型就是一条可行的路。

一、消费结构升级推动产品转型

随着人民生活水平的提高，人均消费支出在增加，消费结构在不断升级。消费结构升级并不意味着产品与服务的价格越来越高，而是更多地体现在产品品质与服务质量的提升上。例如，越来越多的享受型消费产业为了满足消费者的精神文化需求而发展起来。

消费结构升级反作用于产品，促使企业为了满足消费者的需求而不断推动产品转型，具体体现在消费观念和消费市场下沉两个方面。

1. 消费观念

随着人民物质生活日趋富足，消费观念由注重量转变为更加注重质，由注重温饱逐渐变为注重精神享受。尤其是新时代年轻人成为消费主力军以后，他们更加注重精神方面的享受，乐意为优质体验服务买单。

以超市购物为例，年纪大的消费者面对打折商品和不打折的同种商品，往往宁愿排很长的队也要购买打折商品。而年青一代的消费者通常会选择无须排队的不打折商品，因为在他们看来，自己排队所付出的时间以及长久站立所付出的精力的价值要远远超过优惠的价格。

因此，许多超市引入自助结账系统，消费者无须在人工收银通道排队，只需要扫描每件商品上的货码，即可迅速完成结账。

2. 消费市场下沉

随着人民收入水平的提高，消费市场逐渐呈现下沉的趋势。根据相关统计，三线至五线城市的消费者已经成为线上消费的主力军。从书籍到电子产品，从游戏机到护肤品，电商与物流业的发展使得小城镇的消费者也能够享受到优质的购物体验。消费市场的下沉也驱使产品的生产商不断研究消费者的需求变化，不断优化、迭代自己的产品，实现产品转型。

为了更好适应消费市场下沉的现状，阿里巴巴深耕本地生活服务领域，在数字门店一体化运营、零售业务模式转型等方面投入大量资金，同时提供端到端的智能物流配送服务，更好地满足消费结构升级背后人们的真正需求。

二、轻资产成为新的运营模式

轻资产运营模式是指将产品生产与销售业务外包，企业专注产品设计与市场推广。这种模式能够有效降低企业的成本投入，尤其是生产过程中的固定成本，以提高企业效益。

轻资产运营模式以价值驱动，以人力资源管理为纽带，通过建立管理平台，促进企业发展。相比于传统企业以自有资产模式运营，轻资产运营模式下的企业拥有更灵活的制度与更优越的盈利能力。它能够不断提升企业的核心业务能力，深耕主体市场，降低经济风险。

在当前的经济形势下，轻资产运营模式有着得天独厚的优势。然而，采用轻资产运营模式的企业难以形成长期优势，如果轻资产运营过度，极易形成泡沫经济。

在数字化时代，厂房、生产线等硬资产贬值，而数据、用户关系、管理能力等无形的软资产则在增值。采用轻资产运营模式的企业能够通过少量的硬资产投资，利用输出理念、技术、品牌等盈利，充分利用外界资源，减少自身的成本投入，以最小的投入获取最大的利润。

采用轻资产运营模式的企业更加灵活，它的发展速度更快，更容易在短期内将自身的业务做大做强。数字化时代的竞争异常激烈，谁能够优先占据市场有利地位，谁就能够在一定时期内主导市场，获得更多的发展机会。

因此，采用轻资产运营模式的企业更具备竞争优势，它们更容易借助某个风口"起飞"。但是若想将短期的优势转变为长期的优势，采用轻资产运营模式的企业还需要打通上下游产业链，打造上下游一体的运作平台。

三、成本增加，同质化竞争严峻

任何事物都不可能保持永远高速增长的状态，经济发展也是如此。近年来，随着实体经济市场日渐饱和，宏观经济的增长速度放缓，市场竞争日益激烈，供给大于需求已经是不可逆转的趋势。

供给端的产品虽然越来越多，但是不少同类型产品大多"换汤不换药"，同质化现象加重。以电商平台为例，在多个电商平台中搜索同一类产品，搜索出来的产品大同小异，唯一的区别可能是价格有高低。产品同质化迫使企业不得不增加宣传成本，降低销售价格，这导致很多企业利润微薄，企业生存艰难。在这种形势下，消费者需求日益多元化、个性化。

为了解决成本增加、产品同质化的危机，企业应当及时进行数字化转型，以数字化技术赋能企业生产和运营，打造自身差异化属性，建设专属生产体系，生产满足目标用户个性化需求的产品。

　　企业应当重视差异化属性的打造，打造与众不同的品牌形象，使消费者对品牌产生深刻的印象。例如，旺旺利用电视广告投放，使消费者对其广告词"你旺，我旺，大家旺"耳熟能详。消费者逢年过节需要购买礼品赠送亲友的时候，便会在第一时间想到旺旺。

　　此外，面对饱和的红海市场，企业可以选择在红海市场边缘生产产品，从侧面打入市场，以小众产品积累忠实粉丝，再逐渐进入主流市场。依托先进的数字化技术和生产设备，企业可以打造全新的生产线，以降低生产成本，提高利润率。

　　当今时代，企业想提高竞争力不仅要靠过硬的产品质量，更需要打造数字化生产线，生产个性化产品，满足消费者的多元化需求，同时利用数字化技术做好推广营销，真正做到"酒香万人知"。

四、新常态下华为的数字化转型

　　在市场竞争日趋激烈的情况下，华为是如何追赶数字化潮流的？主要有以下四点。

1. 数字化办公

　　华为的数字化转型从很小的改变做起。第一个实践是移动打卡，员工只要走进华为园区，就能实现线上打卡。第二个实践是远程审批，申请一经发起，领导可以随时随地审批，实现数字化对业务流程赋能，体现出数字化转型带来的价值。

2. 数字化作业

　　数字化工具和系统提高了华为的作业效率。例如，摒弃传统的人工采集、录入数据的方式，设备安装调试完毕后，工作人员用手机拍照就能上传数据；ICT（信息与通信技术）运用实现了工作自动化，多项任务可以同时进行，极大提高作业效率；借助 BOP（商业操作平台），实现从采购到生产跨部门信息传递与过程衔接，达成从设计到制造全流程融合，进一步推动数字化发展，实现系统高效运转。

3. 数字化交易

企业内部流程实现数字化后，华为对于交易的处理方式是以利润为轴心，打通与之连接的全部节点，实现线上下单、线上物流、线上验收等全流程数字化。凭借广覆盖的网络，华为能对所有交易数据实时收集与分析，迅速响应市场变化。

4. 数字化运营

实现数字化办公、数字化作业、数字化交易后，数字化运营便水到渠成。华为以技术驱动业务发展，再以业务牵动技术创新，实现了业务发展与技术创新良性循环。

随着数字化转型逐渐深入，华为的业绩呈可持续增长态势。由此可见，数字化转型是企业谋求可持续发展的必经之路和突破点，能为企业的业绩增长和产业发展创造更大价值。

第二章　数字化转型的"黑科技"

如果说数字化转型是未来各行各业的发展趋势，那么数字化技术就是各行业进行数字化转型的首要驱动力。大数据、物联网、区块链等新兴技术在企业数字化转型的过程中发挥了重要作用，成为推动企业数字化转型的"黑科技"。

第一节　大数据：转型的核心驱动力

随着各企业信息化程度的加深，数据成了企业的宝贵财富。企业要充分利用数据，让业务运营变得更灵活、精准、高效。

一、大数据的商业价值

大约在2009年，"大数据"一词成为互联网信息技术行业的流行词。它指的是日益增长、体量庞大、多样且复杂的海量数据。这些数据无法通过传统方式管理，却是企业的宝贵资产。近年来，各大企业开始关注内部不断增长的数据资产，大数据也成为各大企业推进数字化转型的核心驱动力。

如今，大数据被各行各业广泛应用，如果企业能充分挖掘大数据蕴含的商业价值，就能更精准地洞察用户需求，为其提供个性化、差异化的产品或服务，建立竞争优势。大数据的商业价值主要体现在以下几个方面。

1. 个性化推荐

大量的用户数据使得智能分析算法能够为用户提供个性化推荐，如淘宝的产品推荐、应用商店的软件推荐、网易云音乐的歌曲推荐等。当企业足够了解用户后，可以利用大数据进行商业化延伸，实现营销广告精准投放。这样既可以有效节约营销成本，还可以提升营销的精准性，优化投入产出比。

2. 精准划分用户群体

大数据可以极大降低用户数据的分析成本，使企业可以根据用户的消费习惯、消费水平等对用户群体进行划分，用不同的方式服务不同的群体。同时，企业可以对不同用户进行更深层次分析，从而增强用户黏性，降低用户流失率。

3. 加强部门间的联系

即使是为同一个用户提供服务，研发、宣传、售后等部门需要的数据也有所不同。提高海量数据的利用效率及挖掘深度可以增强各部门之间的联系，实现数据共享，进而提高整个产业链的运作效率。

4. 模拟真实环境

在存储了海量的用户数据后，企业就可以通过大数据模拟真实环境，从而满足用户更深层次的需求。例如，天津地铁 App 通过实景模拟的方式预测站内客流量，为用户提供车站客流热力地图，帮用户更好制订出行计划。

二、大数据的应用场景

作为一种新型生产要素，大数据已经成为企业宝贵的经济资产。

它能助力企业创新、提升产品价值，让企业实现高质量发展。只有充分挖掘大数据的商业价值，企业才能精准把握时代脉搏，更好地实现数字化转型。那么，大数据可以应用在哪些方面呢？

1. 了解、定位和服务用户

大数据可以帮助企业了解用户的喜好和行为。企业可以通过浏览器日志、社交媒体数据等扩展企业的数据集，以建立完整的用户画像。

2. 精准营销

随着用户个性化需求的增加，大数据逐渐被应用于企业营销中。用户搜索、使用产品的过程都会产生数据，有了这些数据，企业就可以及时响应用户需求，为用户提供更好的产品及服务。

3. 引入响应式产品

大数据不仅可以改善企业为用户提供服务的质量，还可以帮助企业生产用户需要的产品。如今的市场是买方市场，满足用户需求是产品设计、生产的前提。企业可以通过收集用户的购买习惯、浏览频率等数据来预测用户需求，从而决定该生产什么产品。

4. 提高生产效率

过去，产品生产流程相对割裂，各环节的信息不能及时互通，导致生产效率低。如今，大数据将整个生产流程串联起来，中间过程的约束限制变少了，企业的生产效率也得到了大幅提高。

5. 实现持续用户支持

如今，用户在线上购物，遇到问题几乎24小时都能得到客服回复。这是因为有聊天机器人的辅助，而这一切都是大数据的功劳。企业可以通过用户管理系统收集数据，获取用户常见问题，并将其作为聊天机器人设计依据，让聊天机器人拥有不输人工客服的交互能力，从而打造出24小时不间断为用户提供服务的线上客服。

6. 降低仓储成本

维护库存的成本高昂，企业不仅要承担运维成本，还要把现金流和存货捆绑在一起，这非常不利于企业随时调整经营计划。而有了大数据分析，企业就能预测应该什么时候生产、生产多少、什么时候销售，甚至还可以预测需要保留多少库存等，大大降低了仓储成本与现金流风险。

第二节　人工智能：释放无穷的创新潜力

无人化、自动化、智能化是企业数字化转型的重要特征，而这离不开人工智能的支持。随着越来越多基础岗位被智能机器替代，企业可以集中资源进行创新，获得更大发展。

一、人工智能的应用场景

曾经出现在科幻电影里的人工智能，如今已逐渐走入普罗大众的生活，为企业的数字化转型提供了巨大助力，极大地提升了企业的生产和经营效率。人工智能可以应用在以下方面。

1. 提高物流效率

随着电商行业的发展，物流行业急需提高效率，而人工智能可以帮助物流行业实现去人工化，提升物流配送自动化程度。

2020年，因无接触配送的需要，亚马逊、阿里巴巴、京东、顺丰等企业纷纷采用分拣机器人、AGV（自动导引运输车）、无人仓、无人机等人工智能设备进行分拣、入库、配送等工作。这不仅达到了无接触配送的要求，还提高了物流效率。

2. 处理数据

数据现已成为企业的宝贵财富之一，人工智能可以帮助企业有效处理数据。人工智能不是静态的，它可以快速学习和调整，帮助企业快速挖掘数据中包含的特定信息，从而及时调整业务决策。

3. 用户维护

随着人工智能技术发展，电话、短信、社交媒体的进一步数字化，企业触达用户渠道更加多样化。企业可以通过人工智能自动联系、维护用户，随时解决用户的问题，有效提升用户体验。

4. 改善购物模式

人工智能可以通过分析用户以往的购买行为，了解用户的购买方式、交易习惯、价格期望等，进而为他们提供定制化的购买体验。这使得购物模式从产品主导转变为用户主导。

5. 自动化办公

人工智能可以处理单调、乏味的日常任务，进一步简化企业的组织结构。这对中小企业来说是一个好消息，因为中小企业资金有限，无法承担巨大的人力成本。人工智能可以让所有的低价值劳动被机器替代，只留下核心业务人员，这样既能减少人力成本，又能提高办公效率。

二、制定人工智能战略

企业想在竞争中脱颖而出，实现在数字化时代的新型战略目标，就必须做好战略分析制定工作。那么，企业应该如何制定科学、合理的人工智能战略呢？

1. 树立创新性思维

数字化转型是在不断探索中实现迭代升级的过程，就像进行科学实验一样，最初的论断可能会在后续过程中被推翻。因此，企业应该树立创新性思维，构想出指导性、可行性兼具的发展目标，并制定相应的战略。

2. 建立数据团队

人工智能战略的监督和管理工作需要交由专业的数据团队进行，团队成员需要具有业务、技术或者数据分析等方面的专长，并具有部署与维护管理系统的技术能力。只有这样，企业才能保证制定出切实可行的战略，专业人员才能更快地分析与解决问题。

3. 打造健康的数据生态

人工智能战略的执行需要建立在大量数据的基础上。因此，打造一个健康的、能够获取高质量数据资源的数据生态至关重要。这就要求企业在不牺牲数据安全性的前提下，想办法增强数据访问的灵活性，如引入语音、图像、文字等数据源，增强数据管理能力。

4. 严格制定评判标准

大到战略目标设定，小到如何验证人工智能模型，企业内部都需要达成一致。新开发的人工智能模型可能颠覆传统的质量标准，测试时的数据无法对生产实践起指导作用，因此企业应该根据最新数据及时更新评判标准。

5. 建立质量保证与交付模型

完成人工智能模型的部署后，企业需要将人工智能模型应用于IT实践中，并持续对其进行迭代与调整。在这个过程中，企业很难按照传统的战略模式制订迭代计划，也很难精准预测数据的更新间隔。这就要求企业建立相应的质量保证与交付模型，持续、稳定地对人工智能模型进行维护，维护时还需要严格遵循初始模型的开发方式。

以上就是制定人工智能战略的要点，企业应该充分把握这些要点，借助人工智能实现人与机器协同，抢占行业发展的先机。

第三节 云计算：通向数字化的关键

业务上云是企业实现数字化转型的有效方法之一。云计算为企业搭建了灵活、低成本、安全的业务架构，是企业的创新利器。

一、业务上云是数字化的必然要求

云计算是指通过网络将大的数据计算程序分解成无数个小程序，然后通过多个服务器组成的系统处理这些小程序，并将得到的结果反馈给用户。这项技术可以在短时间内处理数以万计的数据，为用户提供强大的网络服务，而且不受空间限制。

现在越来越多的企业开始布局云计算，这意味着企业不需要再配置很多的服务器和机房，只需联网即可满足业务需求。那么，云计算的优势体现在哪些方面呢？

1. 成本效益

无须支付闲置资源费用，极大节约成本的"现收现付"模式是云计算最大的优势。"现收现付"意味着企业只需要为正在使用的资源和服务付费。企业可以按照自己的需求拓展或缩减业务，不用支付巨额的服务器维护费用。

2. 可扩展性

不同的企业有不同的业务需求，有些企业必须将业务迁移到云平台，如需求波动大、对灵活性要求高的企业，拥有停机时间较少的高负荷系统的企业，需要处理大量数据的企业等。云计算可扩展性强，可以让这些企业专注于业务发展、提高销售额。云计算服务商除了为企业提供服务器空间，还为企业提供数百种支持工具。

3. 安全性

企业将重要数据迁移到云平台后，云计算服务商的工作是全天候监控和保护数据。虽然内部系统管理员更让企业放心，但他们不能做到全天候监控数据安全。因此，依靠云计算服务商，企业的数据安全会更有保障。

4. 灾难恢复

灾难恢复是指出现自然或人为灾害后，企业重新启用信息系统及软件设备，恢复正常商业运作的过程。企业可以通过备份恢复数据，但与采用云计算相比，企业需要付出更多的时间和费用。而采用云计算可以尽可能减少系统和设备的停机时间并提高运转效率。

5. 移动性

在数字化时代，云办公、远程办公等工作方式优势凸显。利用云存储、云计算，员工可以随时随地访问企业系统，查看企业数据，而且系统会自动更新。

二、华为云助力良品铺子构建一体化零售平台

企业通过与优秀的云计算服务商合作，围绕云计算搭建起具有自身特点的业务架构，进一步推动自身数字化转型进程。

良品铺子是一个集食品研发、加工、零售等于一体的食品品牌。在不断发展壮大的过程中，良品铺子也开始了对数字化的探索，选择与华为云合作，共同打造全渠道零售模式。良品铺子将 SAP 开发测试系统迁移到华为云上，成功构建了一体化零售平台，提升了系统运行的平稳性。华为云扩展灵活性使良品铺子可以轻松应对百万元级别的订单交付工作。

同时，华为云的微服务引擎、微服务应用平台等 PaaS（平台即服务）可以实现业务代码克隆，这也进一步提升了良品铺子的新品研发效率。在此之前，良品铺子进行新品研发前需要花费 3 天至 4 天部署产品测试系统，如今借助代码克隆功能可以在 1 小时内轻松完成任务。这意味着，良品铺子可以快速响应市场需求，实现精准营销，为用户提供极致的购物体验。

选择华为云是良品铺子对比多家服务商之后的决定。其前 CIO（首席信息官）朱淑祥表示：良品铺子选择服务商是非常谨慎的，选择了华为就是看中了华为以客户为中心的服务理念以及快速响应并满足客户需求的能力。良品铺子将 SAP 系统部署在华为云上，通过华为混合云的解决方案来真正满足良品铺子未来业务快速增长的需求。

对于大多数企业而言，实现数字化转型并不是一件容易的事。但在华为云的技术支持下，良品铺子成功搭建了一体化的零售平台，大大提升了工作效率。这表明在实现数字化转型的过程中，企业可与成功的云计算服务商合作，在完成业务数据的迁移后，可弹性伸缩云服务就可以帮助企业铺设数字化营销渠道，实现营销业务的数字化转型。

第四节　物联网：资源配置最优解

物联网即物物相连的互联网，它的应用使企业内外部资源跨越了边界，实现了供需对接，从而达到理想的资源配置结果。

如今，物联网与人们的生活密切相关，如智能门锁、智能窗帘、可穿戴设备等。万物互联是未来的一种发展趋势，有助于打造更加智能化、高效、便捷的应用生态。设备联网是企业数字化转型的重要一步，它能消除企业内部的信息孤岛，增强各环节的协作能力，让企业运营效率更高。

物联网的出现让生活中原本彼此割裂的设备，被串联起来，实现了互联互通。随着物联网技术的普及，原本闲置的资源被重新整合、共享，人们的生活更便利，科幻电影中的场景也将在现实生活中出现。或许在未来，我们早上出门前可以通过手机提前打开汽车的空调，使车内的温度适宜。然后，当我们走近汽车时，汽车会自动打开车门。我们说出目的地后，汽车会规划最佳行车路线，然后自动行驶到目的地。

物联网促使越来越多的创新产品和服务出现。企业只需要通过物联网将闲置资源串联起来进行活化，就可以创造出新产品，满足用户更多的需求。例如，统一管理城市的停车位，人们可以通过线上智能缴费服务实现自动泊车缴费，大大提高停车位的运转效率，解决都市停车难的问题。

《物联网革命：共享经济与零边际成本社会的崛起》的作者杰里米·里夫金认为，以协力共享社群、共享价值为核心的社会，会比利伯维尔场强调竞争、市场占有率的系统，更容易达到永续发展。目前，很多国家都在运用物联网、群众募资等方式创立新能源企业，开发各种低价的迷你太阳能或风力发电机，不但共享资源，也共享利润。

在不久的将来，物联网连接设备的数量将超过传统设备的数量，且随着5G（第五代移动通信技术）的普及，联网设备会越来越多，这对各行各业的发展有重大意义，无处不在的连接将使得物联网平台成为企业数字化转型的必需品。

第五节　区块链：实现安全、可靠的连接

无信任不交易，有了信任，企业才能有用户，才能有利润。然而，

获取他人的信任是一件难事，这需要付出极大的成本。而区块链的出现解决了这个问题，它不可篡改的特点可以帮助企业与用户快速建立安全、可靠的连接，实现彼此信任。

一、去中心化的记账系统

区块链的本质是"分布式账本"，优势在于成本低、过程高效透明、无中介参与以及数据高度安全。未来，区块链会应用于越来越多的行业，带来技术性变革。

一本账本必须具有唯一确定性的内容，否则它就失去参考意义，这就使得记账成为一种中心化行为。在如今的信息时代，中心化的记账方式覆盖了社会生活的方方面面。然而，中心化的记账方式存在弊端，一旦中心被篡改或被损坏，整个系统就会面临危机。如果账本系统承载的是整个货币体系，将面临中心控制者滥发货币导致通货膨胀的风险。

中心化的记账方式对中心控制者的能力、参与者对中心控制者的信任以及相应的监管法律和手段都有极高的要求。那么，有没有可能建立一个不依赖中心及第三方但可靠的记账系统呢？区块链技术攻克了这项难题。接入记账系统的每一台计算机都是一个节点，区块链以每个节点的算力竞争记账权。

这种去中心化的记账系统可以承载的价值形式，包括可以用数字定义的资产，如股权、产权、债权、版权、公证等。这也意味着区块链可以定义更为复杂的交易逻辑，区块链也因此可以被广泛应用于各个领域。

二、区块链实现全球互信

区块链重要的价值在于能够在信息不对称、环境未知的情况下打造出一个完善的信任生态体系。下面以"拜占庭将军问题"为例，简述区块链如何解决信任问题。

"拜占庭将军问题"由著名计算机科学家莱斯利·兰伯特提出，是现实问题转换而成的概念模型，即将军们如何在仅能依靠信使进行信息传递且有叛徒干扰的情况下，制订出统一的进攻计划。

例如，共有5位将军，每位将军向其余4位传递一条信息，会产生20条信息流。同时，每位将军提议的进攻时间未必相同，叛徒可能会同意多位将军的提议，导致信息处理成本大幅上升。

当引入区块链这个概念后，该问题也会迎刃而解。区块链存在一种以"工作量证明"为基础的共识机制，在单位时间内，只有先完成规定"工作量"的将军才可以发起进攻提议，每位将军会在对上一位将军的提议进行表决后发起自己的提议。这样将会极大地提升叛徒传递虚假信息的成本，打造完善的信任体系。

在实际应用中，区块链是由多台计算机连接形成的共享网络，具有公开性、安全性和唯一性。若区块链的某些节点被破坏，只要还有一个节点存有相关数据，这些数据就会在重新建立连接后同步给其他节点。

例如，传统的供应链包含多个环节，每个环节都会产生大量的数据，产品的生产商、经销商、零售商都只能掌握其中一部分数据。这意味着当产品出现问题时，企业很难确定问题出现在哪个环节。不仅如此，由于大部分产品没有流通数据的标记，要想将所有问题产品召回，需要花费大量的时间和人工成本，这会给企业带来巨大的损失。

当企业将区块链技术应用到供应链管理后，上述问题也就迎刃而解了。区块链可以实现对相关数据的采集、分析、存储，从而加大对供应链的监测力度，实现对各个环节的追踪。以此为基础，企业就可以利用最短的时间、最低的成本实现问题产品的召回。

三、区块链如何赋能供应链

随着区块链技术的不断发展，可以与其融合的行业越来越多，区块链与供应链之间也发生了"碰撞"。将区块链应用于供应链管理，可以有效解决现有的问题，开创供应链发展新模式。

盒马鲜生是阿里巴巴旗下的一个新零售品牌，其"日日鲜"系列的蔬菜、水果、肉类、鸡蛋等各类食品均实现了全程动态化追踪。扫描食品包装上的二维码，消费者不仅可以获得食品生产基地的照片，还可以获得食品生产流程、生产商信用资质、食品检验报告等信息。

盒马鲜生相关负责人表示："我们采用了二维码追溯、无线采集工具、共享工作流、区块链等先进技术保障食品的安全，让消费者能够买到更加安全放心的食品。"从目前的情况来看，盒马鲜生成功实现了食品供应链监测与区块链技术的整合，构建了一个可持续运营的食品安全管控体系，实现了对供应环节的全程监控。

区块链为企业提供了实时、精准的交易视图，使供应链生态网络成为可能，有效提升了交易透明度，降低了交易风险，极大提高了各相关企业的利润率。

第三章　精益思维成就数字化转型

有些企业付出了很多努力，但依然没有做好数字化转型工作，原因其实在于企业的业务模式不清晰、高素质专业人才匮乏、执行体系僵化。以价值驱动为核心的精益思维为提升数字化转型的成功率提供了理论指导，能够助力企业顺利实现数字化转型。

第一节　数字化转型的常见问题

对于很多企业来说，数字化转型是新鲜事物，需要"摸着石头过河"。再加上数字化转型有一定的复杂性，企业难免会在此过程中遇到各种问题。而有些问题一旦出现，企业面临的风险会很大，甚至会倒闭，这就要求企业必须了解数字化转型的常见问题。

一、业务模式不清晰，转型无头绪

一些企业管理者认为，似乎业务模式越复杂就意味着越完善，越能形成竞争壁垒。但在实践中，他们发现，为企业增加新业务非常容易，但对纷繁复杂的业务进行删减十分困难。尤其是在发展初期，企业只有将资源聚焦到核心业务上，才能在激烈的市场竞争中立于不败之地。

孟子云："人有不为也，而后可以有为。"意思是人的精力是有限的，只有放弃一些事情，才能在别的事情上做出成绩。这个道理在企业经营中同样适用：如果企业能够化繁为简，战略性地放弃那些不必要的业务，就能实现更高效、有序经营。

德国超市品牌奥乐齐是坚持核心业务的杰出代表，其创始人开店的初衷只是满足人们最基本的生存需要。与其他大型超市的经营理念有所不同，奥乐齐坚持物超所值的经营理念，致力于为消费者提供"国际品质、社区价格"的高质量自营商品。这种经营模式也帮助奥乐齐与许多信誉极佳的供应商建立起友好互信的合作关系，极大地降低了进货成本。

随着规模的扩张，奥乐齐依然将核心业务作为经营重心，极力节省人员管理、产品包装、营销推广等方面的成本。如今，奥乐齐已经从一家小小的食品店发展成世界驰名的连锁超市，在全球范围内拥有1万余家店铺，年销售额超800亿美元。

近些年，网约车市场争夺战也体现出关注核心业务的重要性。为占据更多的市场份额，滴滴出行在发展初期专注于为用户提供最基本的约车服务。这种运作模式也帮助滴滴出行在一众约车软件中脱颖而出，实现营业收入快速增长。在获得绝对优势后，滴滴出行才开始将产品优化、用户体验提升作为发展重点。

在发展初期，企业应该综合考虑内部的利益矛盾及外部市场环境的变化趋势，将有限的资源用于核心业务的发展。这样可以极大地提升企业运作效能，使企业走向更为辉煌的未来。

二、缺乏专业人才，无人支持

如今是信息化、数字化、科技化的时代，那些原本依赖人力才能完成的工作，现在很多都可以由相应的机器设备来完成。这也意味着企业对普通劳动力的需求越来越小，对高素质人才的需求越来越大，现代企业之间的竞争也逐步变为人才的竞争。因此，企业应该着手打造数字化人才库，积极进行数字化布局。

企业可以从以下两个方面着手打造数字化人才库。

1. 整合人才资源

在打造数字化人才库前，企业需要将内外部的简历资源进行全面整合，并利用大数据、人工智能等互联网技术对简历进行分类解析，分别绘制岗位与所需人才的画像，通过这种方式实现人才与岗位适配，从而快速选定更符合企业发展战略与业务发展的岗位候选人。当然，不同类型的企业所打造的数字化人才库也应该有所不同，企业应该根据自身实际情况打造相应的数字化人才库。

打造数字化人才库后，企业就可以对现有人才及储备人才进行管理，不断沉淀企业内外部的优质人才，为企业的数字化转型提供强有力的人才支持。

2. 挖掘数据价值

数字化时代，企业更应该充分发挥数据分析能力，深入挖掘人力资源数据的价值，增强人力决策的科学性。

在打造数字化人才库后，企业就可以在此基础上建立人才管理系统，自动生成可视化图表，如团队绩效、招聘效能、招聘结果分析报告等（见图 3 - 1）。

这些可视化图表可以帮助管理人员更直观了解招聘指标间的关联与发展趋势，提升储备人才的质量，进一步推动企业的人力资源数字化进程。

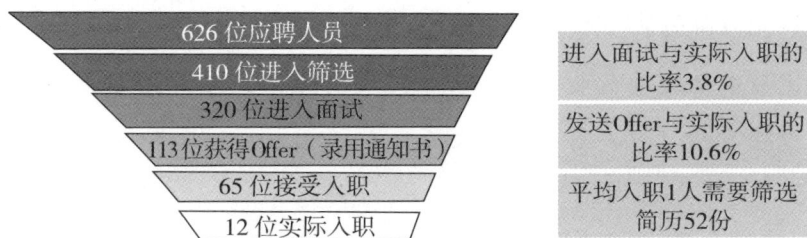

626 位应聘人员	进入面试与实际入职的比率3.8%
410 位进入筛选	
320 位进入面试	发送Offer与实际入职的比率10.6%
113 位获得Offer（录用通知书）	
65 位接受入职	平均入职1人需要筛选简历52份
12 位实际入职	

图 3 - 1　招聘结果分析报告

三、照搬已有模式，执行僵化

一些企业管理者认为只要升级硬件、更新系统就能有立竿见影的回报。然而，许多企业无法依靠新技术真正提升经营水平，原因有两点：第一，变革不是一蹴而就的；第二，缺乏对数字化转型的战略思考，在实战中只是"东拼西凑"。

企业管理者必须明白，数字化转型对于企业的发展不应只起到锦上添花的作用。数字化不能只在某个部门实现，要贯穿战略制定、生产、运营等环节。

许多企业竞相模仿知名互联网企业，希望找到一条数字化转型的捷径。但是，一味地将知名互联网企业的模式当作"万能灵药"，不思考自身业务的痛点，只会适得其反。另外，盲目投入资金模仿互联网企业的模式，也将影响主营业务发展。

以某运动品牌为例，该企业大力发展电商业务，在多个线上渠道投入资金，希望实现销量逆转。然而，该企业忽视了主营业务存在的问题，如品牌定位不清、库存管理落后、产品设计老旧等。这样一来，该企业的销售额不仅没有得到提升，反而使得线上、线下渠道产生冲突，流失了大量分销商，加速了衰亡。

对于传统企业来说，进行数字化转型不等于抛弃主营业务，盲目跟风只会自乱阵脚。企业应采取多层次的数字化转型策略，一边运用数字化技术升级现有业务，一边增强投资能力，开辟新业务，实现可持续发展。

第二节 由点到面、持续改进的精益思维

很多企业管理者都怀着雄心壮志进行数字化转型，但在经历了轰轰烈烈的"摇旗呐喊"后，就偃旗息鼓，不再有任何行动。能够秉持精益思维，持之以恒进行数字化转型，并取得卓越成就的企业凤毛麟角。在这种形势下，为了顺应时代潮流，不被时代抛弃，企业应该秉持精益思维，并不断自我改进升级。

一、以用户为中心进行生产、创造

用户的潜在需求如同埋在地下的宝藏，只有满足了用户的基本需求，才能顺利找到通向宝藏的路径。很多大型企业都能够很好地满足用户的基本需求，只要继续深挖，便可发现用户的潜在需求。

一些初创企业对于用户的需求可能一无所知，可能不知道自己的产品是不是用户想要的。这就意味着，初创企业不能按照大型企业的商业模式进行经营活动。此外，初创企业不能盲目地研发产品，碰运气一般满足用户需求，这样不仅耗费时间、精力和资金，还会迷失发展方向。

那么，初创企业应该如何瞄准用户需求呢？

1. 了解用户痛点

互联网时代，寻找用户痛点并不是很困难，例如，亚马逊通过分析用户在网站上的浏览记录、购买次数、支付方式等数据，从而找到

用户的痛点。初创企业如果没有庞大的数据库作为支持，那么可以根据用户的一些交易行为和网上调查的方式来了解用户痛点。例如，初创企业可以利用各大社交媒体平台对用户进行调查，如论坛、微博等，然后将从这些平台中获得的数据作为参考，分析出用户的痛点。

2. 避开用户需求盲点

乔布斯指出：永远不要问用户想要什么！因为用户不知道自己想要什么。他的意思是，用户提出的需求可能是一种单纯的个体主观期望，并不是产品经理追求的产品需求。而个体主观期望就是用户的需求盲点。

例如，苹果的手写笔 Apple Pencil 其实是一个曾被乔布斯"鄙弃"的产品。当时有媒体发现苹果没有手写笔，就开始大肆报道，歪曲了市场需求，进而苹果就认为用户对手写笔有需求。而事实上，对比 Apple Pencil 和 iPad 的出货量可以发现，只有一小部分用户在购买 iPad 的同时购买了 Apple Pencil。

盲点需求并非无效需求，是因对需求把握不明确，而形成的不具指导性的产品开发意见。因此，企业在以用户为中心设计、生产产品时，要尽量避开用户需求盲点。

3. 挖掘时代趋势点

诺基亚作为曾经质量优、品牌价值高、用户认同的手机品牌之一，曾连续 10 多年占据全球手机市场销量第一的位置。尽管如此，其避免不了被时代淘汰的命运，谷歌推出的安卓系统加速了诺基亚手机的消亡。因此，企业要想研发出以用户为导向的产品，就要在顺应时代大趋势的前提下，尽可能满足用户需求，这样企业才能持续发展。

不过，乔布斯也曾表示，用户导向固然重要，但产品的核心功能及内容才是根本。初创企业在注重用户导向的同时，要注重强化产品的核心功能，只有将产品的核心功能做到极致，才能留住忠实用户。

二、大胆创新，积极行动

经过多年发展，广州顺丰速运有限公司（简称顺丰）已成为快递物流服务领域的领军企业。顺丰有着庞大的用户群体以及完善的供应链体系，为了促进供应链的高速运转，顺丰始终坚持推进企业的数字化转型升级，以数字化技术赋能企业运营，实现供应链全面高效协同管理。2021 年，顺丰携手金蝶，打造更加高效便捷的数字供应链体系。

在发展过程中，金蝶积累了十分丰富的行业化场景和众多有效解决方案，而这也正是顺丰选择与金蝶展开合作的重要基础。

在金蝶的供应链解决方案部负责人李晓辉看来，数字化技术对于提升供应链韧性至关重要。供应链数字化的目标是以数据驱动业务代替传统的以流程驱动业务，这意味着企业必须具备对产业链深度耦合以及强化自身上下游协同的能力，而且，这些能力要能帮助企业快速做出决策。

在这次合作的过程中，金蝶充分发挥了自身先进的 IT 架构优势。依托金蝶云·苍穹 PaaS 平台，和金蝶云·星瀚采购云 SaaS（软件运营服务）产品，金蝶为顺丰打造了"新一代招采平台 SRM 系统"。这不仅帮助顺丰在业务上实现了产品全生命周期管理以及供应链智能一体化管理，而且使业务具备多业态、多组织、可扩展、智能化、风控管理等优点。

在供应链全流程一体化建设方面，金蝶云·星瀚推出的采购云以及营销云与顺丰智慧供应链的核心产品"丰智云链"进一步融合，打造一条看得见、摸得着、能驱动、能融通、能进化且跑得稳的"链"，帮助企业进一步完成数字化物流供应链平台的构建，提升智慧化物流供应链管理能力。供应链全流程一体化，以数字化技术为业务赋能，推动采购、营销与物流供应一体化解决方案的落地。

不同企业的供应链各具特色但有一些共同点，如断点多、链条长、管理复杂等。供应链管理成本在企业前期运营成本中占比较大，给企业管理带来较大的挑战。此外，在其他环节上，有许多亟待解决的问题阻碍着企业的发展。

各企业应大胆创新，积极行动，引入数字化技术为企业转型升级赋能，助力企业解决发展过程中面临的各种问题。

三、高速迭代，不断进化

乔布斯用 iPhone 开创了一个新时代，从初代 iPhone 发布至今，每款 iPhone 的销量都十分可观。而 iPhone 也一直在改变用户与网络设备的交互方式。

苹果公司的系统更新对 iPhone 的销量和营收起着正向作用。而且每一次系统更新，苹果公司都会在功能和用户界面上进行改善，给用户带来惊喜。

回顾 iPhone 的演变之路，可以了解 iPhone 是如何不断升级优化的。

1. 2007 年，初代 iPhone **硬件不够、软件来凑**

2007 年，初代 iPhone 诞生。初代 iPhone 的出现源自乔布斯的设计灵感。初代 iPhone 的操作系统只能提供一些基础性的应用和功能，在硬件方面也有着诸多限制，如不能 3G 上网、不能进行多项任务、不能下载第三方软件、不能更换桌面背景图片等。诸多限制使用户的需求得不到充分满足。此外，初代 iPhone 的机身使用铝制材料，看起来非常笨重，也没有使用触控笔的写字方式，而是采用虚拟键盘的方式。

初代 iPhone 在硬件上并不占优势，投入市场后，根据用户的体验反馈，苹果公司对初代 iPhone 进行了一系列优化更新。其后来打造的操作系统界面、触摸式屏幕、只保留一个返回键的创新做法及功能强大的 Safari 移动浏览器都让用户叹为观止。

2. 2008 年，App Store 成为革命性应用

2008 年，二代 iPhone 上市，弥补了初代 iPhone 不支持 3G 上网的缺陷。除了把一些基本功能保留下来之外，二代 iPhone 更换了机身，用塑料壳替代了笨重的铝制壳，而且升级系统，研发出 App Store。

App Store 绝对是苹果操作系统发展史上的"撒手锏"。通过 App Store，用户不但可以在手机中浏览、下载安装第三方的应用软件，还可以在手机中直接更新应用版本。同时，App Store 为苹果手机创建了自身的生态系统，用户可以在手机上购买应用软件。

3. 2011 年，Siri 诞生

2010 年 6 月，iPhone 4 上市。这款机型首次采用了苹果 A4 芯片，并加入前置摄像头以及创新性功能视频电话 FaceTime（苹果的视频聊天软件），为用户提供了更加优质的使用体验。

2011 年 10 月，iPhone 4 升级版 iPhone 4s 上市，横空出世的 Siri（苹果智能语音助手）成为当年手机行业的最大亮点。在 Siri 启动后，用户可以通过语音指令，使其帮助自己创建闹钟、拨打电话等。

4. 2016 年，iPhone SE 上市，成为 iPhone 首款名称不带数字的机型

iPhone SE 基本沿用了 iPhone5s 的外观，其内部配置大致与 iPhone6s 相同，主要差别在于不支持 3D Touch（三维触控）。iPhone SE 的最大亮点在于与其他 iPhone 产品相比，售价更为便宜，这显示出苹果拓展市场的目标。

5. 2018 年，iPhone XR 与 iPhone XS Max 实现双卡双待

此前，iPhone 手机一直不支持双卡双待功能，手机中仅能安装一张 SIM 卡（用户识别卡）。2018 年 9 月，苹果推出的 iPhone XS Max 与 iPhone XR 两款机型，都支持双卡双待。此外，苹果专为中国地区推出双实体 SIM 卡版机型。

6. 2020 年，iPhone 12 系列发布，不再提供充电头

2020 年 10 月，随着新机型的发布，苹果宣布出于环保的理念，将不再随手机附赠充电头。同时，为了支持 5G 应用，该系列机型采用全新天线设计，配备苹果 A14 仿生芯片，能够支持双模 5G 通信。

纵观 iPhone 的演变之路，不难看出，乔布斯时代的苹果更加注重创新，而库克时代的苹果则更注重稳中求进迭代发展。不管是乔布斯还是库克，都始终秉承着以用户为中心、精益创造的理念，这使苹果始终保持手机行业佼佼者的地位。

四、科学试错，寻求最可行方案

美宜佳是较早通过互联网进行数字化转型的传统企业，一直致力于对互联网及相关技术探索。下面具体介绍它是如何在前进的道路上披荆斩棘的。

1. 自建商城

在自建商城的传统企业还不是很多时，美宜佳就已经有自己的线上商城——美宜佳生活馆。美宜佳生活馆经营的产品非常丰富，品类齐全，侧重走精品路线。这样的经营方式在当时得到了许多业内人士的认可。但好景不长，随着互联网的迅猛发展，许多电商企业迅速崛起，在激烈的竞争中，美宜佳生活馆节节败退，日益衰落，最终倒闭。

2. 团购

美宜佳吸取线上商城失败的经验,尝试团购模式。刚开始时,团购的产品种类繁多,随后美宜佳通过反复试错,意识到一些问题,开始对团购的产品进行精简,最后精简为100多种。

3. 代收包裹

代收包裹服务始于电商和网站的合作,主要是为商家发货、用户提货提供便利。代收包裹服务被美宜佳采纳,其把线下的5600多家门店全部打造为代收包裹的自提点,用户线上下单后只需要到指定的门店提取包裹就可以了。

开通代收包裹服务后,美宜佳的用户量大增。除此之外,美宜佳在代收包裹的同时向用户展示一些产品信息和优惠活动,通过这种方式吸引了很多用户进店消费。

4. 移动支付

美宜佳是国内第一批支持支付宝扫码付费的连锁便利店。用户到门店消费无须带现金,只要带上一部能出示支付宝付款码的智能设备即可。工作人员只需用扫描枪扫描付款码,用户就可完成支付。

美宜佳推出支付宝扫码支付功能不到1个月就获得了成效,每天通过支付宝支付成功的交易单很多。

5. 配送服务

实际上,美宜佳刚开始只是尝试开展配送服务业务,后来通过反复试错,才最终确定施行。美宜佳在微信上线了美宜佳优选小程序,用户可在"外卖到家"服务中选择商品并下单,利用支付宝结账,最后就可以在家里等待接收自己购买的商品了。

深入社区、有能提供配送服务的线下门店,对美宜佳来说都是优势。不过配送不是一件简单的事,美宜佳不仅要投入大量的人力,而且付出的时间成本比较高。此外，要想让用户得到很好的消费体验，美宜佳就需要实现高效配送。高效配送涉及问题较多，难度也极大，对于主营零售业务的门店发展不利。

总而言之，美宜佳在数字化转型的道路上披荆斩棘：有些项目成功了，有大好的前景；有些项目则以失败而告终；有些项目卓有成效，但仍需不断检验、反复试错。虽然探索道路十分艰难，但美宜佳从未放弃。

第三节　企业对数字化转型的精益布局

数字化转型有一定的复杂性，这就要求企业在开展此项工作时进行精益布局，否则很可能因为某个环节的失误而影响整个流程。在精益布局方面，企业应该先从沉淀数据做起，再通过品牌形象数字化、创新消费体验等方式实现数字化转型。

一、从沉淀数据做起

数字化时代，一家能够将数据进行有效整合的企业拥有更大的经营优势。如何对产品数据、用户数据进行整合、分析，已经成为企业进行数字化转型的重要课题。

数字化转型的本质是对业务流程的各个环节进行重新定义。企业的数字化程度决定了转型的起点以及核心路径，数字化程度越高的企业，实现数字化转型的核心路径也就越短。如图3-2所示，传统企业需要在实现业务系统化、业务在线化、系统信息化后，进行沉淀、整合，将业务数据化，最终实现业务智能化。

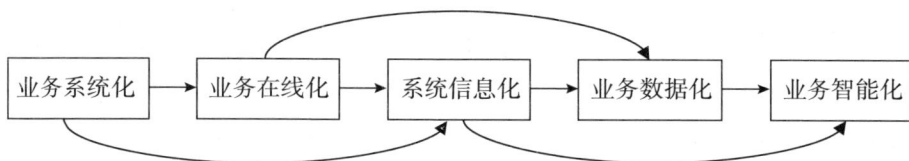

图 3-2 传统企业的数字化转型路径

随着数字技术的发展，企业关于用户行为的数据记录越来越详尽。如今，企业可以收集各个渠道内用户消费习惯、使用偏好、个性化需求等高价值的数据。如果企业能将数据沉淀，使之成为企业资产，就可以建立更精准、更立体的用户行为模型，从而为实现数字化转型提供强有力的支撑。

在建立用户行为模型后，企业就可以更准确地了解用户需求，从而将产品信息和优惠活动精准投放给有需求的用户，为用户提供便利的个性化服务，最大限度地实现用户转化率和用户活跃度的提升，增加盈利点。

数据是实现数字化转型的关键，企业的数字化转型精益布局要从沉淀数据做起。如果企业能尽快完成数据的整合、治理等工作，就可以有效增强企业的数字化能力，优化现有的业务模式以及运营策略，从而加快数字化转型进程。

二、品牌形象数字化加速传播

在产品同质化越发严重的背景下，企业要想获得长远发展，就应该借助数字化转型的力量，加速形象传播，让品牌形象深入人心。如果能实现品牌形象的数字化，企业就能在互联网世界中发现、创造需求。品牌形象数字化包含三大价值维度，即媒介属性、传播环境和受众心理。

1. 媒介属性

数字时代，传统媒体和数字媒体并存，这就要求企业在展现和传播品牌形象时必须考虑媒介属性。例如，很多品牌都在 B 站（哔哩哔哩）开了账号，根据 B 站二次元、动漫、个性化的特点打造既符合品牌定位又符合 B 站属性的 IP（知识产权）。

2. 传播环境

媒介数字化造就了数字化的传播环境，品牌形象要体现出多维性、交互性、表现性。品牌形象不能只是简单的平面符号，它应该是立体的、有声的、有情感的。例如，英特尔的广告将声音作为品牌形象，在有意不断强化后，用户一听到这个声音马上就能联想到英特尔。

另外，不少品牌让虚拟代言人在设备中"活"了，用户可以在使用产品的过程中与其进行简单交互，从而进一步感知品牌形象。虚拟代言人和交互技术结合，让品牌形象的宣传贯穿产品售前和售后全流程。

3. 受众心理

当今社会，用户更渴望表达个性，更偏好独立做出判断，更希望与品牌直接沟通。因此，品牌形象要让用户有积极的心理体验，同时，要吸引用户参与品牌形象的传播。

微博是品牌形象塑造的重要阵地，品牌在微博中与粉丝互动，可以拉近与粉丝的距离，使其感知到品牌的关心和重视。另外，在互动过程中，品牌要注意沟通的语气和态度，遵循品牌形象的定位，打造积极的品牌形象。

三、创新消费体验，双向共赢

当前，消费已经成为我国经济增长的主要驱动力之一，如何促进消费市场发展、优化消费者体验是广受社会各界关注的话题。在传统的商业模式中，企业与消费者多为交易关系。而随着数字化、智能化技术的发展，新商业模式不断涌现，企业与消费者不再是单纯的交易关系，而是连接与服务的关系。

数字化时代，企业趋向于平台化发展，平台经营者通过技术创新和商业模式创新，借助数字化、全渠道等方式与消费者进行更全面接触，与消费者形成全面连接、双向共赢的关系。例如，零售行业通过数字化技术重构零售通路，帮助零售企业以更直接的方式连接消费者，第一时间获得消费者的反馈，从而提升服务水平，使消费者获得更好的体验。

新技术的发展不仅能提升消费者的消费体验，还能确保消费者的消费安全。例如，在生鲜行业，数字化让产品实现了全程可追溯，从产地到卖场，甚至到消费者家中皆可进行信息跟踪。产品质量安全有保证，消费者买得更放心。

超市卖场中，标价与实际价格不符是消费者经常投诉的问题。电子价签系统就能很好地解决这个问题，避免标价誊写错误或更换不及时引起误会。数字化的标价方式可以准确地标示产品价格，让消费者安心消费。

促进消费不能落下任何群体。当前，我国老年人口越来越多，消费模式在实现数字化、智能化的同时，不能将老年消费群体遗忘，适老化难题是各大企业数字化转型亟待解决的问题之一。

例如，一些线上购物平台针对老年人不会打字的问题，推出了语音检索功能，降低了老年人的使用门槛。除此之外，一些平台聘用了一些老年人为"购物体验官"，收集他们的使用反馈，不断根据老年人需求迭代产品，让老年人有更好的消费体验。

四、Nike（耐克）的精益转型之道

比起技术优势，更重要的是视野。在发展过程中，Nike 逐渐从传

统的运动品牌向贩卖运动风尚的高科技服务企业转型。这也是 Nike 在数字时代对互联网新兴企业发起的挑战。

近几年，Nike 通过推出 Nike SNKRS App、同名微信小程序等数字平台，更高效地触达核心用户群，打造数字化生态，同时积极推动新零售模式诞生，促进零售模式的数字化转型。新推出的 Nike SNKRS App，成为 Nike 实现数字化转型的核心工具。

除了购买衣服、鞋子等运动装备，用户可以通过 Nike SNKRS App 浏览 Nike 的相关资讯，定制专属的"Nike By You"服务。在不久的将来，Nike 会与其他软件进行连接，将旗下多个应用的用户数据全部整合在 Nike SNKRS App 中。

Nike 走在运动品牌时尚潮流的前沿，提前对企业的数字化转型进行了部署，Nike SNKRS App 也帮助 Nike 建立了一对一的深度会员制度，在收集了用户的运动与身体数据后，与各类健康服务商建立了连接，致力于为用户提供更好、更个性化的服务。

数字战略也是 Nike 品牌战略的一部分，Nike 的数字运动部门与产品研发、推广营销等重要部门级别相同，具有极高的战略地位。在数字运动部门成立之前，数字化项目的运营由营销部门中的数字营销团队负责。这种架构调整也表明运动数字化的战略地位。

Nike 将可穿戴的智能硬件与 Nike SNKRS App 相连，搭建了新型营销渠道，用户可以借助这个平台交流分享使用体验，在增强品牌忠诚度的同时，不断为 Nike 带来新用户。

有敏锐的时尚潮流嗅觉的用户是 Nike 的目标群体，这些用户的喜好在急速变化，如果 Nike 无法与他们建立更为紧密的新型连接，很可能被他们抛弃。因此，Nike 快速开启了数字化转型之路，启动很多技术项目，希望通过这种方式与目标用户建立更稳固、更长久的联系。

当然，这些技术项目的启动只是 Nike 实现数字化转型的起点，Nike 的最终目标是完成数字化系统与流程的建设工作，将固有资产与数字化转型相结合，并借此在互联网市场竞争中占据优势地位。

第四章　设计数字化转型蓝图

"人无远虑，必有近忧。"对于企业来说同样如此。数字化时代已经到来，企业必须正确对待这一发展趋势，及时制订相应的数字化转型方案。企业应该从顶层设计开始，立足自身实际情况绘制一幅数字化转型蓝图。毫不夸张地说，有了这样的蓝图，企业的数字化转型就已经成功了一半。

第一节　梳理商业模式

无论是哪个行业的企业，要想做好数字化转型，就必须先梳理商业模式。所谓梳理商业模式，其实是将创业者心里一些模糊的想法变成可视化的落地方案，以便得出更清晰的创业思路。商业模式作为企业发展的重要支柱，在数字化转型过程中发挥着重大作用，必须得到企业的重视。

一、锚定目标用户市场

在激烈的市场竞争中，那些没有深厚背景和稳定用户群的企业容易成为牺牲品。因此，企业在梳理商业模式时，还要充分关注股东利益和用户价值，这样才能最大限度地避免自身遭受巨大经济损失。

投资者在投资前最关注的问题就是企业能否带给自己丰厚的投资回报以及企业给股东的优惠待遇。据相关记者调查，乐山、宜宾、成都、泸州等地的多家企业在融资后都通过建立股权分配制度、加强投资者关系管理等方式回报股东，获得长足发展。

关注用户价值要求企业更好地满足用户需求，通过价值的创造将具有相同需求的用户聚集在一起。然后，企业就要持续性进行价值输出，这样才能有效维持品牌与用户之间的稳定关系。

小米之家是小米公司成立的直营客户服务中心，致力于为广大"米粉"提供小米手机及其配件的自提、售后等服务，是小米与用户交流的主要场所。它带给用户一种温馨的感觉，让用户感觉自己是"米粉"中必不可少的一员。

当企业将股东利益与用户价值放在首位后，就能更清晰地认识到支持企业发展的核心动力是什么，并将核心的资源集中用于实现最重要的目标。只有这样，企业才能实现更高效、更有序运作，从而更好面对变幻莫测的资本市场，最终实现基业常青。

二、从零构建商业模式

数字化时代，企业如何构建商业模式？企业要学会转变思维，调整业务结构与盈利策略，对现有的商业模式进行数字化创新，拓展企业的成长空间。下面以拼多多为例，简述其是如何进行商业模式构建与创新的。

从创立到上市，拼多多仅用了三年多。2018年7月，拼多多在上海和纽约两地同时敲钟，以股票代码"PDD"在纳斯达克上市。上市当天，其股价为26.7美元/ADS（美国存托股票），市值为351亿美元，相当于 2/3 个京东。

那么，拼多多究竟是凭借什么快速会聚了几亿多用户和过百万卖家，实现数万亿元的年成交额和数百亿美元的资本估值，成为一家能与阿里巴巴、腾讯、百度、京东、网易等互联网巨头并驾齐驱的企业？答案就是采用了数字化商业模式。

拼多多依靠"社交 + 拼团"的模式发展。其通过微信提供流量入口，打造庞大的流量池，快速奠定社交模式的基础；其拼团模式也支持微信支付。如此一来，拼多多借助腾讯的流量，吸引更多的人加入网购，通过拼单、砍价等玩法吸引用户将链接分享到微信群、朋友圈，促使用户拉好友以享受活动的优惠，一方面增强了用户黏性，另一方面提高了交易频次，快速建立了新的生态圈。

拼多多创始人黄峥曾表示，拼多多做的永远是匹配，将好的东西以优惠的价格匹配给适合的人。他在给股东写的信中指出：拼多多建立并推广了一个全新的购物理念和体验——"拼"。这里的"拼"既是拼团也是拼价，拼团建立在成熟的社交商业模式基础上，如腾讯的微信社交；拼价建立在成熟的电商模式基础上，如有强大的制造业支持、物流支持。

另外，黄峥非常清晰地看到了实现商业模式的用户土壤，他一再强调，做拼多多一大半靠运气，不是靠一个团队的努力与经验就能做出来的，这源于底层力量的推动。他还表示，我们是上面开花的人，做什么就会有爆炸式增长，这是大势推动的，单凭个人和一个小团队的力量是绝对做不到的。

事实上，拼多多的成功不仅源自其新颖的销售战略，还源自其不断创新的数字化商业模式。例如，拼多多力求通过大数据为用户定制差异化、个性化的"Facebook 式电商"，其推出的"新品牌计划"，使得大规模、定制化的 C2M（用户直连制造）模式成为可能。

拼多多将原有的商业模式与数字化战略进行了有机结合，同时不断创新自身独有的拼团模式，颠覆了已有的行业格局。这是拼多多的成功经验，值得企业学习和借鉴。

三、钉钉的数字化转型

钉钉是阿里巴巴专为企业打造的智能移动办公平台，专注于提升企业的办公与协同效率。钉钉以企业组织管理、沟通和智能化办公为核心推出多种应用，为企业数字化转型提供支持。

在企业组织管理方面，钉钉采用线上自动化管理的商业运营模式，有效解决了企业信息更新不及时、各项数据相对零散导致工作效率低的弊端。以人事档案管理为例，每位员工的异动情况在软件中都以动态的形式呈现，同时将企业各项数据进行有效整合，创新企业组织管理模式。

此外，员工通过该软件的知识管理功能，可在成长地图中进行自主学习，管理人员通过学习平台了解员工学习进度，并通过项目管理工具进一步了解员工的工作进度，以多维度视角分析员工的具体工作情况，方便企业员工管理、分析与盘点。

在企业沟通方面，钉钉具备视频电话会议、商务电话、消息已读未读、团队组建、澡堂模式等功能。其中，商务电话功能同时支持多人在线语音通话，有效降低企业沟通成本。在通信方面；企业群、企业办公协同功能、C－SmartWork、C－OA（钉钉办公自动化系统）、C－Mail（钉钉邮箱）、C－Space（钉盘）等为企业办公提供方便，提高协作效率，同时保障数据安全。

在智能化办公方面，钉钉推出的会议白板可以使用户体验流畅书写，同时具备智能化共享功能，与会者可以将白板的内容通过二维码一键转发至工作群，实现高效沟通。另外，钉钉围绕智能移动办公推出全套智能办公硬件产品，如人脸识别门禁系统、智能前台、智能通信中心、智能考勤机和明会议盒子等。

移动智能办公入口与行业应用结合，在实现行业用户智能化办公的同时，真正实现工作方式智能化。这类数字化实践是传统企业数字化转型成功的关键。钉钉针对新零售、医疗、教育和地产等行业推出的全套解决方案，得到了广泛应用。

例如，通过采用钉钉的新零售解决方案，企业能够在线上线下全域获取用户流量，有效促进企业经营模式的创新。企业通过在线分析、策划活动、分配任务实现门店引流。企业打造用户主动消费的新型经营管理模式，实现精准化经营与管理，加快数字化转型的步伐。

第二节　明确盈利模式

盈利模式是企业通过整合自己和上下游合作伙伴的资源而形成的一种价值创造、价值获取、价值分配商业架构。在数字化时代，企业要围绕经营目标设计盈利模式，确保自身可以在竞争激烈的市场中占有一席之地。

一、资源整合，合作共赢

广东一家企业通过资源整合，成功实现了转型升级。

1. 明确痛点

这家企业转型前的主要痛点是产品销量少、赊账多、传统进货渠道少。于是该企业选择了一种O2O模式，即线上与线下相结合的模式，用户可以在线上下单，在实体店取货。

2. 获取精准用户

这家企业和车险企业合作，向有车一族销售高端红酒、皮具等产品。这些用户有一定的资金实力，且以男性为主，比较符合产品的定位。

3. 三方共赢

这家企业和保险公司合作，开发了一个平台，让消费者和商家通过平台对接。如此一来，没有了中间商，既能降低产品价格，又能让企业从中获得利润差。

消费者在这个平台购买产品可以获得积分，用于兑换奖品，消费者获得了切实的利益。而商家不仅多了一个销售渠道，还提高了品牌知名度。通过这个平台，商家相当于在全国开了无数家分店，节省了招商、营销推广等费用，只要铺货即可。

平台通过资源整合，为消费者提供了更优质的产品。很多商家都发愁没有流量，有了这个平台，消费者就能在网上寻找自己所需的产品，还可以去实体店提货。这样既保障了商家的流量，又可以让商家和消费者直接对接，降低了产品价格。

二、提升用户黏性，收入多频化

企业收入多频化的核心是提升用户黏性，即让用户购买产品成为企业与用户建立关系的开始，企业进一步创建粉丝群，围绕用户的需求升级产品或开发新产品和服务。用户购买产品的最终目的是使自己的需求得以满足。从这个角度出发，企业可以找到许多收入多频化的方式。

1. 会员制

一些小众电商平台都利用会员制来提升用户黏性、提高复购率。

会员制的核心是企业和会员建立的双边关系，企业给会员提供更好的服务，会员反馈给企业更忠诚的消费行为。

2. "产品＋耗材"模式

19世纪末，吉列开创了"产品＋耗材"的模式。这个模式的精髓在于通过廉价剃须刀获取用户，而后销售高毛利的刀片持续盈利。

3. "产品＋配件"模式

从表面上看，"产品＋配件"的模式和"产品＋耗材"的模式相似，实际上，"产品＋配件"模式更有难度。"产品＋耗材"模式是先用产品锁定用户，让用户必须选择购买。而"产品＋配件"模式是通过个性化的可选方案，满足用户的更多需求。一般来说，消费频率高的产品大多选择"产品＋耗材"模式，而消费频率较低的产品大多选择"产品＋配件"模式。

4. "产品＋服务"模式

服务可以分为两种：一种是设备服务，如检修、保养等；另一种是数字化时代的信息服务，如监测、控制、自动化等。企业要想脱离红海竞争，就必须转变发展方式，从产品模式变为"产品＋服务"的混合模式。

三、跳出固有思维，收入多元化

我们可以将收入多元化理解为"多找几只羊来薅羊毛"。企业可以通过以下内容实现收入多元化。

1. 采用混搭模式

混搭是指将不同行业的产品根据消费者的使用场景融合在一起，从而提升销量。这种模式的关键在于摆脱固有的行业观念，打破惯性思维，真正以用户为中心想问题，只有这样，才能解锁混搭的各种可能性。

2. 引入第三方

对于企业而言，用户流量有巨大价值。如果企业想要增加收入，就需要引入愿意为企业用户流量付费的第三方。第三方的引入会改变企业的盈利结构。企业的收入不再只源于用户，而是既来自用户的订单，也来自第三方的订单。成本也不再只由企业负担，第三方分摊了一部分成本。

3. 搭建双层架构

双层架构与"产品＋配件""产品＋服务"的模式大体相似，但双层架构是以平台为载体。简单来说，双层架构就是建立基础平台和上层平台，这两种平台分别提供不同的产品和服务，以精准吸引不同需求的用户群体。设置双层架构，企业要牺牲基础平台的一定利润，以吸引更多用户，为上层平台奠定盈利的基础。

另外，企业要清楚基础平台和上层平台的侧重点不同：基础平台以价格取胜，因此尽量选择在基础平台上销售消费频率高的产品和服务；上层平台必须与基础平台存在强关联的应用场景，否则很难促使用户转化，上层平台的产品也要保持高性价比，不能一味追求暴利。

第三节 设计经营策略

对于企业来说，制订数字化转型方案是非常重要的。需要注意的是，如果没有完善、合理、可协调的经营策略作为方案的辅助力量，那么企业的数字化转型很难成功。因此，有数字化转型需求的企业应该根据自身情况设计合适经营策略。

一、品牌 IP 商业化，唤醒认同感

对于一家企业而言，品牌核心价值是品牌资产的主体部分，用户的注意力是稀缺资源，用户可能记不住企业的名字，但能轻易地记住品牌的名字。实际上，实现品牌 IP 的商业化，可以唤醒用户的价值认同感和质量认同感，为企业带来庞大的流量。

心理学中的社会认同效应很好地解释了这种用户心理。社会认同出现在用户的决策具有不确定性时。当用户遇到自己拿不准或者不确定性过大的事件时，就会通过观察其他人的行为来做出相同行为。因此，一个实现 IP 商业化的品牌更能获得用户的青睐。

当一个品牌在自己的领域中占据相对强势的地位后，就能通过这种心理学效应潜移默化地影响用户行为。很多用户在淘宝、京东等电商平台购买产品时，会选择销量更高、名气更大的品牌，就是出于这种心理。当许多人称赞一款产品时，其他用户也会觉得这款产品是优质的；当有人有理有据地陈述产品的问题时，一些用户的购物热情就会下降。

品牌 IP 商业化能通过提升品牌的知名度和影响力轻易地唤醒用户的价值认同感，在用户眼中，实现品牌 IP 商业化就是实力的表现，实力强大的品牌生产的产品也更有质量保证。这种认同感会影响用户的购物决策，为品牌带来巨大的流量。

品牌知名度和影响力是企业的无形资产，这些无形资产能为企业带来庞大的品牌价值。一个有影响力的品牌可以使企业拥有更大的市场，对企业的长远发展有着不可估量的作用。

二、"免费"经营

假设你收到一件既不衬你的肤色、又过于肥大的外套，但是它是

免费的，你会拒绝吗？大部分人虽然知道自己日后肯定不会穿，但依然无法拒绝，只因为它是免费的。这就是免费的力量。

很多企业都知道免费的力量，一些企业会在展会上向用户赠送低成本的小礼品，吸引他们走向自己的展位。有的企业会为会员免费提供试用品，增强他们的黏性，促使他们通过口碑转介绍带来更多用户。

"免费"是一种营销策略。有些企业通过一些有价值的免费产品使消费者产生兴趣，以增加会员数量。事实上，并不是所有企业都能用"免费"的策略实现盈利，只有少数企业能用免费样品、免费内容来增加营业收入。

那么，企业应该在什么时候采用"免费"的营销策略呢？当企业需要挖掘潜在用户的需求时，提供免费产品或服务就是一个好办法。例如，一些视频App会免费向用户开放前几集的内容，以吸引他们付费观看后面的内容。

很多企业在采用"免费"的营销策略时都会犯一个错误，即不给用户提供完整的体验。因为很多企业觉得给用户提供完整的体验的成本有些高，用户获得完整的体验后可能就不会付费了。

有些企业不愿意给用户提供免费的产品或服务，担心潜在用户的需求在试用期间就得到满足了。例如，某企业主管想对会员活动开展情况进行深入调查，而某调查企业刚好在提供免费试用服务，那么这位主管就能利用免费试用服务完成调查，而不需要付费成为会员，因为他不需要长期使用该服务。对此，企业可以设计一个短期的收费方案，以应对用户需要短期使用产品或服务的情况。

同时提供免费和付费的服务并不是一件容易的事。例如，企业在免费服务中给用户提供了太多价值，满足了用户的需求，那么用户就没有动力去付费；反之，如果企业没有在免费服务中给用户提供足够的价值，产品就没有很大的吸引力，用户可能不会付费。需要注意的是，"免费"不是一个孤立的策略。"免费"的策略只有与其他因素结合在一起，才能发挥作用。这要求企业制订计划，以求"免费"策略能创造更大价值。

第五章　赋能转型的用户需求管理

对于企业而言，用户需求对企业的发展具有很强的指导意义。在数字化转型过程中，企业的核心竞争力来自其对用户需求的管理和响应。企业一旦构建了用户需求管理体系，就必须坚定不移地使用，来为数字化转型提供方向指引和有力支撑。

第一节　聚焦核心用户群

如何定位核心用户群，核心用户群想要什么，如何使其对产品爱不释手等问题是所有企业都应该认真思考并想办法解决的。如果企业不了解核心用户群，就无法找到其核心需求，也无法进行合理资源分配，可能导致数字化转型战略没有重心，最终阻碍自身发展。

一、利用因子划分用户群

不同的产品有不同的用户群，企业要想打造一款受欢迎的产品，就需要将产品的用户群进行细分。这就需要利用因子来划分用户群。因子，即使事物之间产生不同的因素，也就是划分事物的标准。企业根据因子能够将用户分成不同的群体。

分析不同群体的特征，可以为产品的设计与研发提供参考和依据。那么企业要如何利用因子来划分用户群呢？具体分为以下 3 步（见图 5 – 1）。

1　通过调研找到能划分用户群的因子

2　利用找到的因子划分不同的用户群

3　对划分后的用户群进行反馈性调查

图 5 – 1　利用因子来划分用户群的步骤

1. 通过调研找到能划分用户群的因子

企业想要利用因子来划分用户群，首先需要找到因子，即划分用户群的标准。通常来说，标准可以分为两大类：一类是基本的人口属性，如用户的年龄、性别、职业等；另一类是垂直领域属性，通俗地说，就是用户对产品的喜好程度。企业根据用户自身的基本属性和其对产品的态度就能将用户划分到相应的群体中，进而做好产品定位，使产品满足特定用户群的需求。

在寻找划分用户群的因子时，企业需要借助一定的方式方法。通常可采用调研的方法，通过对不同人群的走访、调查，了解人们对产品的看法感受，对调研的结果进行整理和分析，得出最终的调研结果。

在调研时，企业一方面需要向用户发放调查问卷，另一方面必须对用户进行实地走访。这是因为问卷调查以大多数的问卷结果为评判标准，忽视了一些用户的个性化需求，其结果只能作为基础的参考。而实地走访不同，通过面对面交流，企业能对用户有一个直观、全面了解，也能更加了解用户对产品的真实需求，从而更好满足用户的需求。

另外，在对用户进行面对面访谈时，调研人员要注意语气、面部表情、措辞等，这些细节都会对访谈的结果有一定的影响。实地访谈在一定程度上可以提升用户对产品的兴趣，挖掘到更多有利于产品设计优化的信息。

2. 利用找到的因子划分不同的用户群

找到了划分用户群的因子，接下来，企业就要利用找到的因子来划分不同的用户群。例如，化妆品限时特卖平台聚美优品在成立之初，就根据用户的年龄和性别将用户群细分，最终明确了平台定位和目标用户群。虽然现在聚美优品的发展情况不是那么乐观，但其划分用户群的做法依然值得很多企业学习和借鉴。

3. 对划分后的用户群进行反馈性调查

企业在对划分后的用户群进行反馈性调查时，同样需要使用问卷调查的方法。问卷调查是一种定量研究的方法。运用这种方法，企业能够从反馈的数据中找出划分用户群的关键。

如果反馈的结果反映出了产品用户群的真实情况，那么之后划分用户群时就可以沿用这种方法；如果反馈的结果与用户群的真实情况有出入，那么企业就需要对整个过程进行分析，从中找出失误的地方，修正最终的划分结果，保证用户群划分的准确性。

以上就是利用因子来划分用户群的步骤。企业需要结合自身的实际情况，灵活地掌握和运用相关方法，为产品的针对性销售奠定基础。

二、锁定核心用户群

企业要具备锁定核心用户群的能力，分析用户群基数是锁定核心用户群的一大有效方法。通过分析用户群基数，企业能够对产品的市场有一个全局性了解，找出产品开发的方向。

如果产品的用户群基数较大，就说明这款产品有良好的市场反响，值得进行进一步研发和改进。反之，如果用户群基数较小，企业就要反思在产品的研发或运营推广的过程中是否存在某些问题。通过对用户群基数分析，企业能够了解用户喜不喜欢产品及市场接受率等情况。

例如，在淘宝的前期开发中，相关人员就对用户群基数做了详细分析。分析结果显示，有网购需求的人数众多，且在年龄、职业、地域等方面具有广泛性，因此淘宝的定位是大众购物平台。淘宝因产品种类齐全，覆盖面广，能够满足各个用户群的需求，最终获得了广阔的市场。

对用户群基数的分析结果，能够为产品的打造提供帮助。一方面，如果用户群基数大，企业就可以学习淘宝的成功经验，开发功能齐全、覆盖范围广的产品；另一方面，如果产品用户群基数小，企业就可以研发小众产品。

另外，在锁定核心用户群时，企业也能够运用用户画像，达到事半功倍的效果。用户画像就是用户信息标签化。通过大数据分析技术，企业可以根据用户的年龄、性别、消费习惯、喜好等这些影响产品营销的因素进行用户需求勾画，从而使产品或服务更有针对性，实现精准营销。

在大数据时代，分析用户的需求，为用户提供他们想要的产品或服务，一方面可以使企业的产品销售更有针对性；另一方面有助于企业开发出满足用户需求的产品，牢牢地锁定核心用户群。

第二节　发现用户需求

需求是用户想要的，可以帮助用户解决问题或达到目标的集合。有时企业获取的用户需求并不全部都是正确的，所以企业要层层筛选，确定用户真正的需求，从而为数字化转型奠定一定的基础，引导企业的数字化转型一直保持正确的方向。

一、掌握用户的核心需求

互联网时代，企业必须尊重用户，掌握用户的核心需求，这样才能利用新技术实现产品的升级和优化，提升用户的使用体验。总之，掌握用户的核心需求是企业运营的根本。同时，根据用户需求进行用户划分，也有助于产品的销售。

心理学中有一个著名的激励理论——马斯洛需求层次理论。马斯洛把人的需求划分为五个层次，分别是生理需求、安全需求、归属与爱的需求、尊重需求和自我实现的需求。企业也可以根据这五个层次对用户的消费需求进行划分，根据用户不同的需求，制定不同的产品策略。

具体来说，当用户处于温饱阶段时，企业的产品策略就要偏重于物美价廉；当用户处于小康阶段时，企业的产品策略就要偏向于情感尊重；当用户的生活层次更高时，企业的产品则要能够凸显个性。如图 5 - 2 所示，发现用户核心需求通常要经过以下三个步骤。

一	进行场景分析，描述用户需求
二	借助数据技术，分析用户行为
三	借助联想力和创造力，激发用户需求

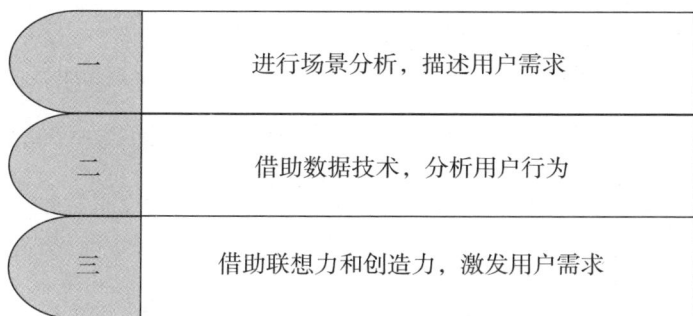

图 5 - 2　发现用户核心需求的三个步骤

第一，进行场景分析，描述用户需求。场景分析需要结合用户的年龄、地域以及行为特征展开。对用户需求的描述，要具有文化底蕴、吸引力或丰富的内涵，这样才能打造出产品的卖点。

第二，借助数据技术，分析用户行为。企业不仅要采集用户的行为数据，还要借助数据技术分析用户行为，使产品更好满足用户的核心需求，并根据用户的核心需求制订合理的运营方案。

以电商的数据分析为例，电商核心的数据是转化率，为了得出最后的转化率数值，电商需要借助漏斗模型以及相关公式进行层层转化。从用户触达到进入产品首页，再到浏览产品详情页，直至付款，电商要一步步细分，最终找到影响转化率的因素，即用户购买产品的因素。只有这样电商才能对症下药，弥补产品的不足，满足用户的需求。

第三，借助联想力和创造力，激发用户需求。用户需求的激发离不开头脑风暴，而头脑风暴必须借助联想力和创造力。

例如，德芙巧克力广告语"下雨天，巧克力和音乐更配哦"深入人心。这句广告语充分发挥了联想力和创造力。下雨天较为阴冷，而巧克力是高热量食品，可以补充能量。在下雨天吃着德芙巧克力、听着音乐，人们就能感到温暖。这句广告语既浪漫，又实用，实现了文艺与商业的结合。

　　综上所述，企业要根据用户需求进行用户划分，在此基础上，深入实践，融入场景，借助技术，发挥想象力来挖掘用户的核心需求，制定合理的营销策略。

二、深入挖掘用户刚需

　　衡量产品是否足够优秀的关键点在于用户是否喜欢、是否愿意购买并使用。只有产品能够直击用户痛点，解决用户面临的问题，能够为用户带来核心价值，才可能受到用户的热爱与追捧。要达到这样的效果，挖掘用户刚需是重中之重。

　　在研发产品时，企业要确保产品能够满足用户刚需，而且产品的使用场景是高频场景。另外，能够满足用户刚需的产品大多是低同质化产品，此类产品相比于竞品来说会更有吸引力。了解用户刚需的必要性如图 5 - 3 所示。

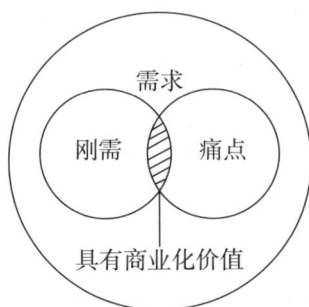

图 5 - 3　了解用户刚需的必要性

　　由图 5 - 3 可知，能够满足用户刚需且直击用户痛点的产品具有很大的商业化价值。企业是否真的找到了用户刚需，是非常值得思考的问题。在市场高度饱和的情况下，一家创业型企业如果不能满足用户刚需，那么最终的结果很可能是"竹篮打水一场空"。

不是所有企业都能做到在创立初期就拥有大量的、忠诚度高的用户。在早期发展阶段，企业应该让用户感受到产品的核心价值，即让用户感受到产品是有用的、物超所值的。之后，企业还要不断打磨产品细节与交互体验，使产品具有很强的吸引力。

有些企业容易忽视产品价值的可视化呈现，以及面向用户的立体化呈现。特别是在早期发展阶段，企业很可能会过度关注实际操作者、管理者、采购决策者的意见，这是不合理的。企业应该将产品价值以可视化、立体化的方式向用户呈现出来。

总而言之，企业要站在用户的角度思考并解决问题，用心去倾听用户内心的声音并挖掘其刚需，解决其痛点。只有这样，企业设计的产品对用户才有价值，才能给用户带来惊喜，让用户对产品感到满意并最终成为产品的忠实用户。

三、第一视角感受需求

在挖掘用户需求时，企业要站在用户角度分析并识别其需求。以笔记本电脑为例，很多笔记本电脑有十分"反人类"的设计。例如，存在 USB（通用串行总线）接口之间距离过近的问题。

由于笔记本电脑体积较小，因此功能接口位置设计得比较紧凑。用户如果只使用一个 USB 接口是没有任何问题的，但如果同时使用两个及以上的 USB 接口，就会出现因为接口之间距离太近而无法使用的情况。

很多品牌都对笔记本电脑的 USB 接口进行了调整，除了能够让用户可以实现多个设备同时接入，还提供了 SD 卡（存储卡）接口、VGA（视频图形阵列）接口（连接显示器常用的端口）等，以满足用户对多种接入方式的需求。

从用户角度思考并非一件易事，要做好这件事，最重要的一点就是先对事物进行判断。例如，最初的 DOS（磁盘操作系统）命令复杂、不易使用，用户很难快速上手。而当 Windows 系统将所有命令变成可视化操作之后，用户仅依靠文字描述、图标就可以轻松使用电脑，所以 Windows 系统受到了用户的广泛欢迎。

综上所述，洞察用户的需求需要产品的设计者亲自去体验、去实践。当产品设计者以第一视角去体验产品时，可以更清晰地感受用户的痛点和需求，更深刻地了解产品的哪些地方需要改进、哪些功能可以增强。

第三节　提炼用户需求

企业收到的用户需求可能是杂乱、不合理的，无法直接指导产品设计和迭代。这时为了更好了解用户，企业应该进一步提炼用户需求，使用户需求能辅助产品设计与研发。

一、用户需求越精简越好

小张是北京一家企业的创始人，他的企业主要做营销服务平台，为零售行业提供数字化营销解决方案，辅助传统零售门店进行营销推广。

然而，在进行产品迭代时，小张遇到了困难：用户需求繁杂，找不到产品升级的突破点。在经历反复试错并遭遇困境后，他决定召开用户需求讨论会，把负责市场营销和产品研发的员工都召集起来，重新梳理用户需求。

根据传统零售门店拉新、促活、转化三个方面的业务重点，小张决定从优化会员积分功能、定制化游戏运营、完善社交关系链三个方面升级产品，以提高传统零售门店的用户触达率及活跃度，更好帮助门店留存用户，解决实体门店获客成本高的问题。

如图5-4所示，在精简用户需求时，小张的团队是这样做的。

图5-4 精简用户需求的方法

1. 市场调研

小张的团队在收集了产品的用户需求后，还通过第三方发布的需求数据和其他行业数据报告，分析出整个行业的市场需求，再与之前收集的用户需求进行对比，从而提炼出用户最迫切的需求。

2. 需求处理

小张的团队将所有收集到的用户需求集中起来，进行了一系列处理。首先，进行需求清洗，舍弃掉无效需求；其次，进行需求整合，把各种需求进行归类，对现行产品的满意情况、产品出现的问题以及用户需求反馈等信息进行整合；最后，对整理好的需求进行优先级排序，明确哪些需求需要第一时间处理、哪些是用户普遍的需求。

经过层层筛选和提炼，小张的团队知晓了用户核心的需求。

3. 会议讨论

小张的团队还从目标用户群中挑选了一些有代表性的用户，并邀请了一些业界专家，通过座谈会的方式让他们对产品发表意见。小张没有在会议中设置专业性问题，而是让大家就传统零售门店营销的现实状况进行讨论，会议的气氛非常活跃，与会者都能畅所欲言，产品研发团队从中得到了真实的用户反馈。

4. 竞品分析

小张的团队对市场中的同类产品进行了分析，并对其功能设计以及用户体验进行了调查，以进一步提炼用户需求。另外，小张的团队把竞争对手的产品与自己的产品进行了对比，列出各自的优劣势。研发团队在产品的设计、功能、用户体验、运营方式上取长补短，进一步缩短了研发、改进产品的时间，加速了新产品的研发。

5. 了解用户的想法

小张的团队在完成产品升级后，还进行了小范围的内部测试，免费为老用户进行产品升级，将他们的反馈与团队得出的用户需求对比，然后对新产品进行了功能上的删减优化。

二、对需求的真实性进行验证

当团队完成对用户需求的挖掘和精简后，下一步就是验证用户需求的真实性，即确定团队得出的用户需求是否为用户真实的需求，能否以此为依托持续研发，从而真正解决用户的问题。在验证用户需求的过程中，要注意以下几点。

1. 不要被既有方式束缚

很多企业管理者认为一定要在企业中设置销售岗位，这样才能保证业务线完整。其实很多用户都更重视产品质量和企业可信度，以此降低消费风险。Atlassian 就是一家没有销售人员的企业，它将销售过程转变为 B2P（企业对个人），即让用户自己找上门来，而不是让销售人员主动去寻找用户。Atlassian 将重心放在建立口碑上，借助好的口碑，Atlassian 可以在没有销售人员的情况下让用户口口相传，从而实现精准引流。

2. 从用户角度出发思考问题

企业想把产品做好，就要把自己想象成用户，站在用户的立场上去思考问题。360 董事长周鸿祎曾经举过一个例子，产品研发部为了使路由器的外观漂亮，把路由器的天线做成了内置的，但是这样路由器的信号就会稍微差一些。而用户买路由器首先考虑的就是信号问题，并非外观。显然这个路由器的研发人员就没有站在用户的角度考虑问题。

3. 精益迭代

小米手机就是通过精益迭代来验证用户需求的。小米刚开始在网上卖手机时，曾做了 3 天的测试。测试内容很简单：每天只卖 200 部手机。每天限定 200 部手机进行销售，是小米饥饿营销的起点，也正是这一模式牢牢地吸引了用户关注。

因此，企业刚推出产品的时候，可以先用一个简单的初始版本来验证用户需求，测试用户的接受程度和市场大小。

4. 考虑用户使用场景

从用户使用场景出发，满足用户需求，有利于提升用户的使用体验。

用户使用场景是决定产品是否受欢迎的一个重要因素。为了验证用户需求真实性，企业需要考虑不同的用户使用场景。

三、厘清需求价值，判断需求优先级

企业要面对各种各样的、来自不同用户的需求，而且这些需求是经常变化的。面对如此大量的需求，企业应该考虑好关键问题：是否要满足用户的某些需求，先满足哪个需求、后满足哪个需求。在实际中,用户的需求通常可以分为以下两类。

一类是战略价值型需求。这类需求往往从战略视角入手,是在每个落地阶段中规划出来的基础性需求,其优先级通常是按照企业的整体规划确定的。

另一类是面向用户使用场景、战略价值型需求之外的功能性需求。如果功能性需求不是太多、太复杂,就可以由产品经理基于用户使用场景及其与核心功能体验路径的相关度对需求进行紧急和重要程度判断,然后提交给产品总监复核。至于产品总监也难以把握的功能性需求,则提交给CTO(首席技术官)进行决策即可。

如果功能性需求比较复杂,企业往往需要使用需求评分卡,通过一个相对客观的评分机制解决需求优先级问题。需求优先级决策是基于对比而做出的,所以企业首先应该对不同的选择以相同的维度进行评判,这样才具备可比性。

如果要使用需求评分卡,首先,企业要建立需求评分卡,即先提炼出决策的维度,如需求紧急度、所在场景的重要性、核心路径相关度、需求价值度、实现代价等,并给出各个维度、多个级别的评判标准。其次,在评分环节,企业要确定不同维度有哪些角色参与评分,以及评分者的权重是多少。最后,企业要根据评分结果进行需求优先级排序。

需求评分卡是否可以发挥作用往往取决于两方面:一方面是与决策相关的背景信息是否能够充分共享;另一方面是评价维度和评分等级设计是否合理。

用户的需求不是一成不变的,而是动态变化的,而且与用户及其需求相关的各种数据也在不断发生变化。因此,即使已经确定好了需求优先级,企业也要根据实际情况及时做出相应调整,并全力以赴满足优先级最高的需求。

第六章　智能时代的数字化生产

数字化生产是在数字化技术的助力下，根据用户需求迅速收集信息，对生产流程进行分析和优化，进而快速生产出用户喜爱的产品。在智能时代，数字化生产是技术与管理的融合，也是制造业未来发展的必然趋势。

第一节　数字化生产与智能制造

随着技术的不断进步，产品生产及制造有了全新的定义，企业可以更好达成高质量增长目标，实现可持续发展。如今，技术已经贯穿产品生产及制造的每个环节，并催生出数字化生产与智能制造，为用户带来个性化的极致体验。

一、制造领域变革的四大层面

在数字化转型如火如荼的时代，制造领域发生了巨大变革。这里所说的变革主要体现在四大层面，即应用层、操作层、网络层、感知层。

1. 应用层：自动化生产线

自动化生产线以连续流水线为基础，工人不需要直接操作，所有设备都按照统一的节奏运转。要建立一条这样的自动化生产线，需要控制器、传感器、机器人、电机等。例如，用焊接机器人代替工人，在保证质量的同时加快生产速度。

此外，在自动化生产线上，全自动运输带几乎是标配。通过运输带，已经焊接好的部件被送往后续环节，这样不仅便于工人操作，还可以将垂直空间全部利用起来，提高产量。

2. 操作层：智能机床实现生产数据自动化

数字化时代，企业通过对生产数据进行采集和分析，使每台设备的实时状态和异常情况都可以被监控。另外，通过电脑系统或手机系统，生产中的一些重要事件可以立即传达给相关负责人，以帮助他们实现透明化、实时化管理。

博世是德国的一家制造企业，在其工厂中，每个工件或者放置工件的盒子上都贴着无线射频识别电子标签。这个电子标签记录了生产数据等信息，相关负责人可以随时随地查看工件所处的位置、产品的加工时间等。

借助数字化手段，生产数据可以互联互通，现实世界与虚拟世界可以融合在一起。对于制造业来说，这是非常有意义的：一方面，这有助于生产走向智能化、集约化、柔性化；另一方面，这能够提升企业的效益，推动行业发展。

3. 网络层："云计算＋物联网＋大数据"助力生产

现在几乎每个工厂都会配备大量的服务器，这些服务器成本高、算力低。借助云计算技术，工厂可以在世界各地远程调用服务器，不仅更省时、省力，成本也降低了不少。自动化设备的应用主要得益于物联网，物联网可以对设备进行预测性维护，使不间断生产成为可能。企业可以采集与用户相关的数据，并在此基础上分析用户的喜好和需求，然后进行产品设计，从而使产品更受用户欢迎。

4. 感知层：借助机器视觉技术收集生产数据

说到数字化生产，就不得不提机器视觉技术。该技术可以实现多种功能，如定位、识别、检测等。万物互联和智能制造能否实现的关键就在于该技术能否真正落地。

与人类相同，机器视觉技术可以接收大量的信息，融入此技术的设备相当于拥有了一双"3D眼睛"。借助蓝光投影扫描成像技术，这双"3D眼睛"每秒钟可以拍摄30张图片，而且像素非常高（2900万像素左右）。通过拍摄的图片，机器视觉技术可以给零件建立坐标，然后分辨出哪个零件在上面、哪个零件在下面，这大大提升了生产的效率。

另外，机器视觉可以通过定位引导机械手臂准确抓取零件、判断产品有没有质量问题、检测人眼无法检测的高精密度产品、对数据进行采集和追溯等。

随着各种新技术应用成本不断降低，高效的算法、科学合理的方案、强大的硬件逐渐出现，这会推动传统制造企业数字化转型，促进智能制造实现。

二、数字化助力生产路径转型

数字化使得企业的生产路径由原来的先生产产品、再对接用户，变为先对接用户、再生产产品。生产价值链由此被改变，企业也拥有了更多的盈利机会。

传统生产模式的显著特点是大批量、标准化、规模化，而新生产模式则倾向于定制化、个性化、数字化、智能化。例如，吉利汽车积极进行数字化转型，不断升级自己的生产模式，打造生产价值链，取得了亮眼成绩。如图 6－1 所示，吉利汽车采用的新生产模式具体体现在以下三个方面。

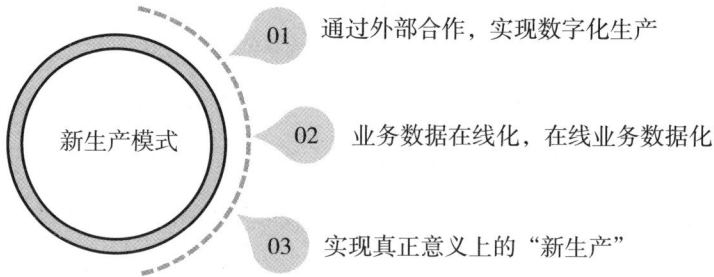

新生产模式

01　通过外部合作，实现数字化生产

02　业务数据在线化，在线业务数据化

03　实现真正意义上的"新生产"

图 6－1　新生产模式的具体体现

1. 通过外部合作，实现数字化生产

阿里云在发布 ET 工业大脑时，提出要让生产线上的机器都变得自动化、智能化。此后，ET 工业大脑不断适应技术与时代进步，在多个方面开展工作，包括生产工艺改良、生产流程制造数据化控制、设备故障预测、生产线升级换代等。

如今，云计算、人工智能等技术越来越多地应用于产品生产。企业可以借助这些技术更精准地把握市场需求，降低研发成本。吉利汽车就充分利用技术，通过优化生产流程，促进生产效率提升。此外，吉利汽车借助 5G 改革生产网络，为工作人员配备 5G 智能设备。

为了打造更受用户喜爱的个性化产品，为用户提供更优质的服务，吉利汽车与阿里云在供应链、车联网、用户管理等领域达成合作。在多种技术的助力下，吉利汽车致力于让自己成为具有创新、转型、协同等特点的新型汽车企业。

2. 业务数据在线化，在线业务数据化

吉利汽车通过一系列活动获取了很多用户资料，这不仅加深了其与用户之间的联系，也为其制定下一步发展战略提供了科学依据。与此同时，吉利汽车进行数字化运营，以达到实时获取动态信息的目的。吉利汽车通过实现从订单到运输紧密融合，取得了业务数据在线化、在线业务数据化等重大突破，其业务分析效率也得到了很大提升。

3. 实现真正意义上的"新生产"

用户在选购汽车等大型产品时会更重视安全性和售后服务质量，这些都需要用户亲自体验才能知晓。无论线上展示的汽车照片多么精美、资料多么丰富、售后保险多么详细，用户无法获得真实的驾驶体验，因此用户很难放心购买。为了打消用户的疑虑，获得用户的信任，吉利汽车在打造品牌口碑上不遗余力，一直在积极探索新策略。

要想获得用户的认可，最重要的还是"用产品说话"。吉利汽车的质量保障源于无数次测试，其中极具代表性的就是模拟仿真测试——借助计算机辅助工程软件对汽车的驾驶情况进行模拟测试。吉利汽车通过多次测试为每位用户提供更舒适的驾驶体验，给予其更安全、更可靠的保障。

企业在进行数字化转型时可以学习借鉴一些知名企业的做法。但需要注意的是，直接照搬照抄是不可取的，企业必须结合自身的实际情况制定相应的策略，这样才能够克服重重障碍，获得跨越式发展进步。

第二节　数字化背景下的生产方案

智能时代来临，数字化转型成为很多企业的当务之急。当发展到

一定规模时，企业很可能会遇到瓶颈，如生产效率低、生产工艺亟待升级等。为了重焕企业的活力和动力，数字化生产应运而生。对于企业尤其是制造业企业来说，制订数字化背景下的生产方案是一件迫在眉睫的事。

一、数字化技术引爆生产效率

现在对于很多企业来说，进行数字化生产都是一个必选项。它不仅可以减轻人工压力，还可以提高生产效率，保证产品质量。在数字化生产过程中，5G、云计算、大数据、人工智能、数字孪生等数字化技术发挥了不可忽视的作用。

以数字孪生为例，该技术能实现对现实世界的复制，接收现实世界的信息。该技术具有动态性，本体可以向孪生体传输数据，孪生体也可以向本体反馈数据，例如，我们可以根据虚拟世界的孪生体反馈的数据对本体进行干预。

数字孪生在制造领域的应用意义如图6-2所示。

图6-2 数字孪生在制造领域的应用意义

1. 适合产品创新设计

数字孪生通过仿真工具、物联网、虚拟现实等数字化手段，将物理设备映射到虚拟空间中，突破了产品设计的物理限制，工程师可以在虚拟空间将产品调试到最佳性能再进行生产，以节省产品创新的成本。

2. 进行分析和预测

数字孪生可以通过对数据采集和智能分析，预测产品维护的最佳时间，为工程检测提供参考依据。

3. 经验数字化

数字孪生可以根据设备运行中出现的各种故障的特征，运用传感器的历史数据建立不同故障的数字化模型，结合处理记录，让机器学会智能诊断设备故障。

此外，在制造领域，企业可以借助数字孪生打造数字化生产线，将原材料、设备、工艺、工序等，通过数字化手段集成在一个生产过程中，实现自动化生产。此外，数字化生产线能记录生产过程中的各种数据，为后续优化生产提供依据。

以数字孪生为代表的数字化技术在个性化生产、机器人管理等方面有明显优势。这些技术不仅能有效降低运营成本，还能优化运营效果。未来，这些技术的价值将被发挥到极致，进一步推动数字化生产发展。

二、工人操作向人机协同转型

在数字化转型过程中，人工智能的地位是难以撼动的。简单来说，人工智能其实就是"像人类一样聪明伶俐的机器"，将这个机器应用到制造领域，可以推动工人操作向人机协同转型。也就是说，数字化时代，机器和工人分别负责自己更擅长的工作。例如，重复、枯燥、危险的工作可以交给机器去做，精细、有创造性的工作则由工人来完成。就现阶段而言，还有很多工作必须通过人机协同才可以被更好地完成。例如，用机器将产品装配好以后，需要工人来完成检验工作，同时需要为每个生产线配备负责巡视和维护机器的组长。

在工厂中，"机器换人"不是简单的谁替代谁，而是实现工人与机器之间的有机互动与平衡。事实上，自从采取"机器换人"举措以后，工人结构就发生了很大转变，即由产业工人占主要比重的金字塔结构转变为技术工人越来越多的倒梯形结构。

实际上，与其采取"机器换人"的举措，不如采用"人机协同"或"人机配合"的模式，毕竟在短期内，机器还无法完全取代工人。而且，与机器相比，工人在某些方面有着不可比拟的优势。

很多工厂都引入了大量机器用于产品生产，但结果好像并不都是那么尽善尽美。大部分机器只能完成一些简单、重体力、重复的前端工作，而那些高精度、细致、复杂的后端工作则需要工人来完成。

这表明，即使数字化时代已经到来，机器生产也有了很大发展，但工人还是不能被替代。

工厂引入机器，是期望其能够达到甚至超过工人的水平，从而提高生产效率。人工智能等技术带来的"智能化"追求的是机器柔性生产，本质是人机协同，强调机器能够自主配合工人的工作，自主适应环境的变化，最终推动制造领域的转型升级。

有了技术的助力，机器将从工具进化成工人的队友。企业将越来越多地依靠机器做某些工作，而这也使得工人能够集中精力去完成更高端、更重要的工作。人机协同的最终目标是把工人的优势与机器的优势相结合，产生更强大的力量。未来人们终将实现这样的目标。

三、OceanConnect 的数字化魅力

OceanConnect 是华为推出的一个物联网生态圈，该生态圈以物联网连接管理平台为基础，通过开放 API（应用程序编程接口）和 Agent

（在分布式系统中发挥作用的智能实体）将上下游产品的功能融合在一起，为用户提供车联网、智能抄表、智慧家庭等端到端的行业应用。

对于 OceanConnect，华为提出了"1＋2＋1"策略，即 1 个开源物联网操作系统，2 种连接方式（有线连接与无线连接），1 个物联网平台。如图 6－3 所示，作为华为技术布局过程中的一个重要内容，OceanConnect 具有非常重要的价值。

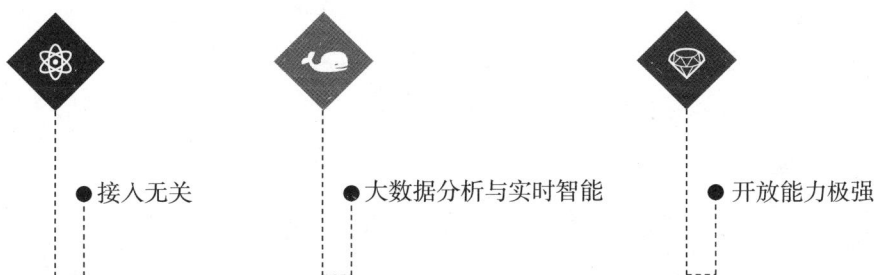

　　　　●接入无关　　　　　　●大数据分析与实时智能　　　　　●开放能力极强

图 6－3　OceanConnect 的价值

1. 接入无关

接入无关是指 OceanConnect 支持任意设备和任意网络的接入，这样不仅可以进一步简化各类终端厂家的开发流程，还可以让用户聚焦于自己的核心业务。如今，为了充分满足开发需求，OceanConnect 已经推出了近 200 个开放 API，同时帮助终端厂家实现了连接安全。而系列化 Agent 则为设备和网络的接入提供了坚实保障。

2. 大数据分析与实时智能

OceanConnect 不仅可以对云端平台、边缘网关、智能终端进行自动化、分层次的控制，还可以提供智能分析工具，如规则引擎。另外，作为技术创新的突出贡献者，华为一直坚定不移地支持主流国际标准的制定与推行，因此 OceanConnect 可以在全球范围内应用。

3. 开放能力极强

OceanConnect 有四层开放。应用层的开放主要面向程序开发者，为其提供智能开发套件；平台层的开放主要面向集成开发者，为其提供业务安排和设备管理等服务；网关层的开放为平台层的开放提供网络支持；设备层的开放主要面向终端开发者，为其提供系列化 Agent 以及设备开发工具。

目前，华为的 OceanConnect 涉及了多种生态，如水平生态、垂直生态、第三方云互通生态等。在这些生态的助力下，OceanConnect 可以满足各类开发需求，而华为也能够借此提升自己的技术实力和市场地位。

第三节　如何让生产变敏捷

一般来说，企业中的各个部门都想让生产更迅速，为什么有些企业的生产效率很难提升呢？因为这些企业没有重视或者无法做到敏捷生产，无法对一些异常情况进行及时反应。本节详细介绍了敏捷生产，帮企业了解应该如何让生产变敏捷。

一、在工厂内部建设智造单元

积极进行数字化转型的企业，尤其是制造企业，都离不开智造单元。有人称智造单元是数字化生产落地最有力的抓手，也是实现智能制造的有效方法。

智造单元是实现数字化生产的基本工作单元，对一组功能近似的设备进行整合，再通过软件连接形成多功能模块集成，最后和企业的管理系统连接。智造单元三维示意如图6-4所示，我们可以用"一个现场，三个轴向"来描述智造单元。

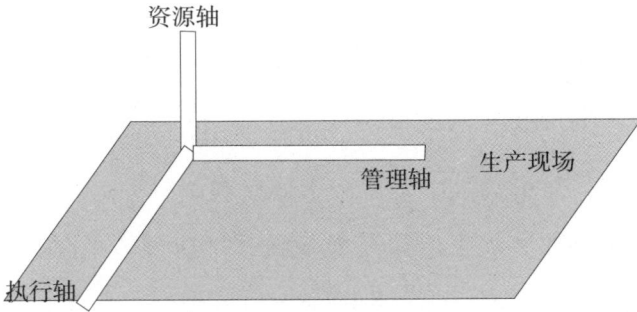

图 6 - 4　智造单元三维示意

资源轴的"资源"是抽象意义上的资源,可以是任何对象,包括员工、设备、工艺流程等,也包括精神层面的企业文化。值得注意的是,员工是企业的宝贵资产。

管理轴指的是生产过程中的要素管控和运行维护过程,包括对产品的质量、成本、性能、交付等的管控。

执行轴是 PDCA 循环（也叫戴明环,见图 6 - 5）的体现。PDCA循环包括计划（P）、执行（D）、检查（C）和行动（A）四个阶段。

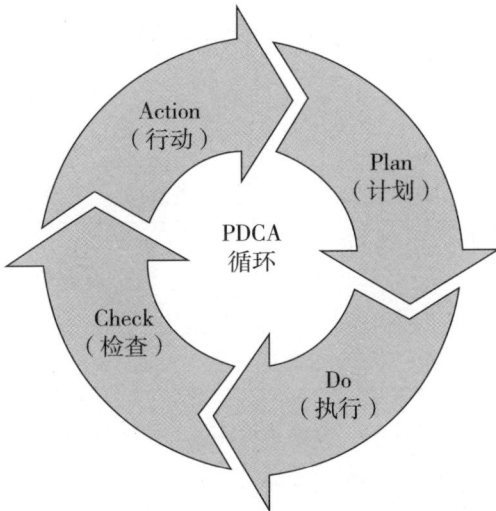

图 6 - 5　PDCA 循环

　　智造单元实际上是小规模的数字化工厂，可以实现多品种、少批量（单件）产品生产。更重要的是，智造单元能够更好保护工厂的现有投资，工厂中已有的设备都可以重复使用。这样一来，工厂的成本能够得到控制，对推动数字化生产十分有利。

　　美的集团以数字化工厂建设为基础，打造智造单元，进一步推动了产业互联。具体来说，美的集团全方位梳理交付链条，通过对采购、生产、物流等多个环节进行协同设计，实现了从"以产定销"到"以销定产"的转型，展示了数字化时代的强大魅力。

　　为了更好地进行数字化转型，美的集团推出美云智数，以其为载体助力制造企业打造灯塔工厂。美云智数提炼了生产痛点，并据此提出科学的数字化解决方案，使美的集团的生产周期进一步缩短、订单满足率大幅度提高，从而帮助美的集团实现了降本增效。

二、打造智能生产体系

　　对于进行数字化生产的企业来说，打造智能生产体系，让生产更敏捷是大势所趋。相比于传统生产体系，智能生产体系有四个显著优势（见图6-6）。

1	生产灵活高效
2	协作整合产业链
3	提高制造服务水平
4	云制造实现信息共享

图6-6　智能生产体系的四个优势

1. 生产灵活高效

打造智能生产体系，能够推动生产方式变革，进一步优化工艺流程，降低生产成本。当生产模式更灵活、更高效时，工人的劳动效率不断提高，企业生产效益也会越来越好。

2. 协作整合产业链

将智能生产体系应用于制造领域，能够使研发设计与生产制造环节实现无缝衔接，从而达到整合产业链的目的。产业链的整合又能够进一步提高生产效率，为工厂带来更多盈利。

3. 提高制造服务水平

数字化时代，组织性质发生了改变，即由生产型组织向服务型组织转型。在大数据、物联网等技术以及云计算平台助力下，在智能生产体系中，智能云服务这一新商业模式蓬勃发展，能提升生产部门的服务能力与创新能力，提高制造服务水平。

4. 云制造实现信息共享

有了智能生产体系，生产信息化水平会有所提升，企业能够借助云平台进一步整合车间优势资源，实现信息共享。信息共享机制的建立，能够推动生产协同与创新，提升企业优化与配置资源的能力，最终提升产品的质量。

西门子为了顺应时代潮流，积极进行数字化转型，成立了新部门next47。这一部门借助各项先进技术，使西门子在工业电气化、自动化以及数字化方面实现了颠覆性创新。

可以将 next47 看作微型智能工厂，在这里，员工不仅可以利用先进技术直接获取用户需求，进行定制化生产，还能够借助高级的智能生产设备，实现快速决策和精准执行命令。另外，next47 在产品的原材料、生产工艺以及环境安全等方面有很出色的表现。

在技术当道的时代，企业要想建立智能生产体系，实现数字化生产，要做到以下三点。一是要力争观念创新、技术创新，颠覆传统模式，勇于探索；二是要始终以用户为中心，始终满足用户差异化、个性化的需求；三是要打通产业价值链，促进产业智能升级，形成高效运转的智能生产圈和智能消费圈。只有这样，企业才可以推动创新能力提升，带动行业发展，步入美好的"智造"时代。

三、Blizzard：引入技术，智能化生产

Blizzard 是奥地利著名的滑雪板生产企业，成立至今已经有几十年，在几代滑雪爱好者心中有着不可替代的地位。近些年，Blizzard 在发展过程中遇到了一些问题，发展速度放缓。

一方面，滑雪板的生产工艺比较复杂，某些滑雪板需要 16 周的生产时间；另一方面，Blizzard 研发的近千种滑雪板不可能全部进行大规模生产，但在进行市场调研后再付诸实践就无法及时响应市场需求。

为了解决上述问题，Blizzard 对自身的生产流程进行了智能化升级。Blizzard 的管理系统与生产系统相互连接，管理人员可以对生产过程进行监控，实时了解产品的生产状态。管理人员在进行生产决策时，不仅可以实时调取产品的销售信息和库存情况，还可以实时获取市场调研报告，并根据调研报告及时对生产决策进行调整。这种智能生产模式大幅提高了 Blizzard 的生产效率，进一步巩固了 Blizzard 的行业地位。

与精准、高效的智能化生产相比，需要人工操作的流水化生产很难满足当今的市场需求。智能化生产可以通过代码将生产的规则映射给机器，有效避免因工人长时间进行机械操作而产生误差的情况。同时，智能化生产更便于管理。在过去的生产模式中，工人会参与每个生产环节，管理人员不得不多方面考虑工人的因素。智能化生产最大限度地降低了工人的参与度，大幅提高了制造企业的管理效率。

从长远来看，智能化生产还能显著降低企业的运营成本。在生产过程中，智能化生产采用最优的生产方式和管理模式，可以有效避免资源浪费，从而降低原料的采购费用。设备更新换代会大幅减少生产所需的工人数量，这也大幅降低了生产所需的人工成本。

当前数字技术的融合过程也是相互促进的过程，智能化生产为这些技术提供了融合和提升的途径，也让更多的技术从实验室中"走"了出来。

大数据、物联网等先进的技术都是实现智能化生产的核心引擎，智能化生产带来的创新也将促使这些技术不断升级。

第七章　灵活响应的数字化业务

数字化转型催生数字化业务，这就需要企业着眼于用更先进的技术解决业务问题。企业的数字化转型不能脱离业务进行，其核心就是借助人工智能、大数据、云计算等技术对业务进行改造优化，从而形成完整的数字化业务体系。

第一节　数字化转型后的业务新变化

数字化时代，企业面临严峻的挑战。为了更好应对这些挑战，企业应该主导数字化转型进程。但在此之前，企业要充分了解数字化转型后的业务新变化，以便精准找到数字化转型的着力点，做好数字化转型规划。

一、规范化管理业务流程

企业进行数字化转型有诸多原因，大体可分为两类：一类是外部原因，包括用户存在个性化需求、竞争对手对市场把控、产业联合产生新的商业逻辑等；另一类是企业内部原因，包括产品滞销、成本过高、用户流失等。

解决企业内部问题一劳永逸的方法是调整企业的业务流程，对业务进行规范化管理。而这意味着业务场景会发生变化。传统的企业对于改变后的业务场景不具备快速反应的能力，而通过运用先进的数字化技术进行数字化转型，企业能够打破原有的组织壁垒，实现高效协作，同时在生产、运营等环节进行深度规范化管理。

数字化转型离不开自动化、数据化、智能化。企业的所有业务都有一定的流程，所有流程都可以实现一定程度的自动化。流程自动化是指利用数字化技术对某种特定功能或工作流的业务环节进行自动化。根据企业组织活动的不同特点，业务流程可以被拆解为生产、销售、运营等多个环节，这些环节均可实现自动化。

在传统的业务流程自动化中，系统集成是必备手段。系统集成可以最大限度地将所有相关软件、硬件集成，例如，将 ERP（企业资源计划）、CRM（客户关系管理）、HRM（人力资源管理）等软件打通并一体化。但这样的方法需要投入巨大的成本，且投资回报率很低。

在企业实现数字化转型之后，业务流程自动化就有了基础。大数据、云计算、人工智能、机器人流程自动化等技术赋予业务流程自动化新的生命力，同时成本较低，操作方法简单，便于员工操作。

业务流程的规范化管理建立在数据的基础上。无论企业的规模如何，都会有一定的数据反馈，如企业每天的业绩、财务报表等。根据这些数据反馈，企业会判断下一步应怎么做。如果将这些数据全部汇总到一起，构成一个可视化的数据算法模型，就可以生成相应的企业经营指导方案。

企业数字化转型的重点在于，整个流程中，数据的收集、分析、报告生成都是自动化的，无须人工参与。只要有数据，系统就能自动生成可视化报告。企业管理者、员工都可以直接下达指令、执行指令。

数字化时代，构建企业竞争力的核心在于拥有足够的算力来处理庞大、复杂的数据。经过分析之后得出的报告可以帮助企业有效进行决策。业务流程的反应速度越快，决策执行就越快，企业的核心竞争力也就越强。

二、效率可见，效果可查

企业内部，以及企业与合作伙伴之间的信息沟通都有一定的渠道，但由于没有合理规划，许多企业出现了信息孤岛。业务数据难以统一、跨系统的数据无法同步导致业务流程梗阻，企业无法灵活响应业务需求的变化。传统企业的业务流程各环节存在一定的信息壁垒，导致企业运转效率低下，各种改革的效果也无法直观显现出来。而企业数字化转型通过整合企业信息数据，对散落在各个档案、系统中的零散数据统一管理，对业务数据进行识别、分类、存档，确保日后可随时查阅，保证企业内部数据有效流转。

在业务数据被集中管理的基础上，企业要采用身份认证与数据系统融合的策略，将企业各个时期、各个部门、各个合作伙伴的信息集成，确定数据公开范围和身份认证标准，实现数据整合以及部门之间互联互通，并确保系统安全可控，进一步优化业务流程。

三、体验优化，成本减少

数字化转型是大势所趋，也是企业在激烈的市场竞争中获胜的关键。实现从形式上的数字化到业务上的数字化的转变，对很多企业来说尤为重要。企业要致力于利用数字化渠道吸引新用户、优化用户产品使用体验，以减少成本投入。

咨询机构 Episerver 发布的报告显示，数字化体验是一个差异化因素。超过 1/3 的企业领导者表示，为用户提供数字化体验是与竞争对手形成差异的最主要原因。越来越多的企业意识到了这一点，借助数字化技术的力量，让数字化体验为企业带来超乎想象的产品价值增长。

在餐饮业，越来越多的企业运用数字化技术为用户服务。例如，知名茶饮品牌喜茶就在线下打造了极具创意的门店，消费者可以体验东方的禅意与未来的科技，还可以与场景进行交互，获得拟真的体验感。

喜茶通过运用数字化技术，构建了数字化、智慧化的商业基础。但数字化体验并非局限于技术，而是以内容为主导，结合多方需求、多类型的创意思维，不断实现广度和深度上的延伸。

另外，数字化转型使得企业的产品生产、销售服务等业务流程的成本有所减少。在数字化转型中，成本问题是企业必须考虑的核心问题。传统的系统集成动辄需要上千万元的资金投入，很多企业根本无力承担。而新时代的数字化转型通过大数据、云计算等先进技术，为企业提供了定制化的数字化转型策略，大大节省了企业的成本。

还是以喜茶为例，其全面的数字化平台建设避免了低效生产现象发生，每一个环节都公开、透明，文本数据可以与所有部门共享。奶茶原料采购效率与质量也随着数字化技术的应用而得到提升，喜茶可以对多个原料供应商进行比较，选择性价比最高的供应商。

在技术的助力下，喜茶的数字化成本分析核算也更精准、更直观，分析结果有利于喜茶对自身发展提出切实可行的策略。

四、通用电气数字化转型的启示

早在 2013 年计划采用 Predix 工业物联网平台时，通用电气的数字化转型就已经开始了。2015 年，通用电气成立新的业务部门 GE Digital，并在之后向外部公开表示该部门为通用电气带来了很好的效益。然而事实并非如此。

GE Digital 之所以是独立的业务部门，是因为通用电气想让 GE Software 更自主，让 GE Digital 由内部软件研发作坊转变为更自主的数字化部门，这样通用电气可以在 Predix 平台研发上投入更多的精力。但 GE Digital 的效益并不像预期中那样好。

通用电气内部的财务报表显示，GE Digital 的主要收入是和外界企业合作产生的短期收入，GE Digital 并没有为通用电气的用户提供长期价值。通用电气曾考虑将 Predix 转变成真正的第三方开发平台，但几乎所有围绕 Predix 开发的软件都是为通用电气自身设计的，对于外界企业来说并不适用。后来，GE Digital 转而销售自己的服务，致力于帮助外界企业实现数字化转型，但从结果来看也不尽如人意。

通用电气带来的启示可谓深刻。

首先，不要低估数字化转型带来的挑战。在物联网的解决方案中，通用电气选择搭建工业物联网平台 Predix，但是它误判了系统工具之间的兼容性以及平台运行的复杂性。这导致通用电气不得不投入大量成本维护平台运行，无暇顾及平台的优化升级。而相比其他的工业物联网平台，Predix 平台的性能并不突出。通用电气付出大量成本，取得的成果却不尽如人意。

其次，做好转变方向的准备。在得知 Predix 的私有云服务可能无法为通用电气带来长期收益之后，通用电气试图将其转变为公有云服务，为外界企业提供合作平台。但最终由于反馈不理想，该计划搁浅。通用电气转而使用 AWS（亚马逊 Web 服务）和微软云服务，但这又对员工提出了新的要求。连续几次转变方向，员工没有做好在短期内掌握多种数字化技术的准备，导致通用电气内部的业务部门之间产生一定的冲突，而且通用电气自身的财务结构、损益结构无法及时转变，导致通用电气因转变方向陷入混乱。

再次，保持快速适应的状态。在数字化时代，一切都是瞬息万变的。即使 Predix 的前期表现可圈可点，但其发展速度较慢，日立、西门子等企业逐渐追上来。因此，任何想要在数字化时代迅猛发展的企业都必须吸取教训并快速适应新的环境。

最后，不要忽视企业文化。好的企业文化对于企业的数字化转型有促进作用；相反，不好的企业文化则会阻碍企业的数字化转型。在数字化转型过程中，企业必须快速变革传统业务流程，打造快速响应用户需求的企业文化。

第二节　数字化时代的业务体系升级之道

面对场景的更迭和用户需求的不断升级，企业应该对业务体系进行升级，以便灵活应对数字化时代带来的挑战。放眼未来，业务将呈现出不断创新和快速发展的趋势，这就要求企业准备更多完善的解决方案，全力打造数字化时代的业务体系。

一、实现业务升级的"三步法"

企业建立业务结构后，还要实现业务结构与企业经营现状匹配，及时发现并解决企业运行中出现的问题，最大限度地提升员工工作效率。"三步法"是对企业业务结构进行评估与优化的方法，企业可以利用该方法对业务结构进行合理调整，进一步简化企业的盈利模式。"三步法"的具体步骤如下。

第一步，确定评估对象。除了核心业务，企业内部还存在大量的重要业务及辅助业务。因此，企业需要挑选其中具有代表性的业务，并将其评估结果应用到相似业务中，从而最大限度地节省时间成本及人工成本。通常情况下，企业会在涉及自身核心竞争力的业务、成熟度较低的业务、绩效波动大且容易出现失误的业务中进行挑选。

第二步，进行业务评估。在确定评估对象后，企业就需要根据业务的盈利情况及实施情况提炼多个评估指标，对各项业务的运作流程进行实时监控及分析，并及时记录评估结果。在评估的过程中，企业还应该明确每项业务的执行人员、具体内容、预期目标与执行范围，从而提升后期的调整及落实效率。

第三步，优化业务流程。第二步中获得的评估结果是企业进行业务优化的主要依据。在此基础上，企业还需要进一步收集业务数据，并对其进行横向与纵向比较，进一步掌握业务现状，深入调查需要优化的环节，并制订相应的优化方案。

企业要想突破发展瓶颈，就必须充分了解自身架构，建立竞争优势，降低运营成本。这就要求企业对现有业务结构进行优化，为自身战略模式提供强有力的支撑。

二、引入先进的轻资产模式

采用轻资产模式的企业往往可以灵活运用资产杠杆、负债杠杆以及价值杠杆，正因如此，这些企业整合关键资源的能力更强，资本运作的效率更高，能够以极低的投入获得极快的周转速度和极高的收益。由于采用轻资产模式的企业通常具有较小的资本规模和较低的资产负债率，它们往往会获得较高的利润净值，它们的盈利能力通常比采用重资产模式的企业强。

小米公司就采用了轻资产的运营模式。它将生产、物流配送等环节外包出去，自己负责研发、设计、售后服务等环节，从而减少了固定成本的投入和摊销，避免了可能出现的资金积压，极大地提高了资金周转率。

万达集团的核心子公司万达商业管理有限公司（以下简称万达商管）也制定了"轻资产化"战略，这意味着万达集团深耕多年的轻资产模式步入了新纪元。除了有效降低万达商管的商用地产库存风险，轻资产模式还可以帮助万达商管快速抢占市场份额，利用最小的资金投入，获取最大的经济收益。

万达商管运用这种新型管理运营模式的必然性主要体现在以下两个方面。

一方面，随着数字经济的迅猛发展，市场需求发生了巨大的变化，企业只有减轻自身的资产负担，才能更好适应市场的变化。例如，房地产行业的传统运营模式是在获得土地的过程中通过融资获取建设资金，在项目建成后再通过项目销售进行回款。这种运营模式虽然能够撬动大量资金，但企业需要承担巨大的资金压力。在这种情况下，企业通过战略转型减轻自身资产负担，也是时代发展的大势所趋。

另一方面，传统的重资产模式将业务、资产作为企业的发展重心，轻资产模式则将创造价值作为企业发展的核心战略。万达商管从重在赚取资产升值收益转变为致力于品牌打造，即为目标企业提供包含选址、设计、建造、运营在内的一体化服务。这样就可以将存量市场作为发展原点，从根本上降低企业的资产负债率。

轻资产模式不是简单对现有资产进行整合，而是实现资产生态共生。万达商管在实现全面轻资产化后，由商业管理型企业彻底转型为商业服务型企业，通过一体化服务为更多企业赋能，构建了万达集团商业生态系统。

通过万达商管的案例我们不难发现，轻资产模式可以显著降低企业的资产负债率，稳定推动企业发展。这种运营模式不仅符合现代社会的发展规律，还可以帮助企业适应快速变化的资本市场，全面推动社会经济快速发展。

第三节　数字化运营平台助力业务提质增效

在数字化转型的浪潮下，有些企业将数字化理解为"联网＋智能机器"模式，而不是想办法把各业务环节连接和打通。这导致企业内部存在业务孤岛。真正的数字化是消除孤岛，积极应对业务发展的不确定性和复杂性，并搭建完善的数字化运营平台。

一、工作上云，连通业务环节

在物联网、云计算等数字化技术的支持下，数据云共享技术有了很大的突破。对企业而言，云共享意味着部门与部门、企业与企业之间的信息孤岛被打破，实现从供应商到经销商的业务生态链畅通。

云共享的核心是大数据。大数据是一个新兴概念，企业处理大数据所需的技术远远超出处理传统数据所需的技术范畴。若想顺利推进数字化转型进程，必须将企业内部、外部的零散数据整合，提取出更多能够真实反映企业运转情况的信息，将其通过数字化算法打造成可视化数据模型，助力企业做出有利于发展的可行性决策。

传统企业中，由于有些部门之间的信息沟通并不频繁、部门之间缺乏协作，企业的运转成本增加、效益减少。很多企业管理者认为，只要购入网络设备与信息终端，就可以搭建数字化运营平台，实现数据信息共享。还有的企业只重视生产设备数据共享，忽略了业务流程中的其他环节，没有意识到数据信息对企业管理的重要性。

企业内部、企业与企业之间的数据信息共享可以通过云共享实现。从原料供应商到生产商，再到经销商，都可以在数字化运营平台实现信息共享。云共享提高了信息系统的规范性，使相关企业可以分层、有序在数字化运营平台获取所需信息。

同时，云共享具有极强的兼容性，可以将一整条企业生态链囊括在内。生产商可以直观地看到原料供应商的数据，如原料价格、质量检测信息等。经销商也可以更直观地将产品销售情况反馈给生产商，使生产商可以及时调整产品的生产计划。

基于云共享的数字化运营平台可打破信息孤岛，打破企业内部业务流程的信息壁垒，助力企业降本增效。云共享还在企业与企业之间建立了更简单、更直接的沟通方式，使生态链公开、透明，保证企业的利益不受损，真正推动行业内的信息资源共享。

二、构建业务流程闭环

在移动互联网高速发展的背景下，数字化市场的发展相对稳定。人口红利消失，企业之间的竞争从增量竞争走向存量竞争。在如此激烈的竞争下，企业需要做出改变，通过将业务流与数据流相融合，打造智慧化、数字化的企业运营平台，构建业务流程闭环。

若想打造企业内部的业务流程闭环，实现数字化技术对整个业务流程的全方位赋能，三个"支柱"必不可少。

一是在企业的数据基础设施架构和运营环节中，要充分利用可支撑性的工具和系统，重视构建稳固可靠的基础设施。只有打好基础，才能够确保企业具备完善的数据集中及存储能力，确保数据质量和获取渠道稳定。企业的各种数据可能有很大价值，也可能毫无价值。因此，稳固的基础设施是企业能够对有价值的数据信息进行筛选并加以利用的必要前提。

二是要对数据进行科学分析与讨论。通过数据建模，企业能够对收集的数据进行分析处理，将复杂、孤立的数据信息转化为更加直观的报告。数据模型应当贴近企业的业务流程和业务场景，这样得出的分析结论才能足够精准，才能最大化地发挥数据的商业价值。

三是要合理应用数据并实现商业化。技术人员要将分析数据所得出的结论及时反馈给管理层，管理层再结合实际，将其应用到企业的战略制定及决策过程中。企业需要培养具备数据分析能力的人才，充分挖掘数据价值，并将数字化技术融入各项业务的日常运营过程中。

从长远来看，数字化运营平台是企业可持续发展、赢得市场竞争的关键。不同业务发展阶段、不同业务模式对数据的需求也不尽相同。这要求企业持续投资、建设数字化基础设施，确保企业的数据能力满足业务发展需求。

三、保障数据安全，提升数据价值

当前，各行各业的数字化转型如火如荼。数字化在给企业带来便捷的同时，引发了一些不容忽视的安全隐患。企业在大力推进数字化转型的同时，应当重视数据安全。企业可以从以下几个方面入手，保障数据安全，提升数据价值。

一是运用技术提升数据安全性。数字化运营平台采用信息加密技术，保护平台内的数据、文档、密码口令等，将敏感信息转化为无关人员无法读懂的乱码，只有正确识别身份指令的人才可以阅读敏感信息。此外，数字化运营平台采用数字签名技术，模拟传统的手写签名，能够实现企业在平台内对电子信息的认证。

二是升级网络防火墙技术。防火墙是计算机软件与硬件的结合，在平台内部与公共网络之间建立起一道安全屏障。企业要明确自身及合作伙伴在数字化运营平台上的数据开放范围，运用防火墙保护私密数据信息不被非法泄露。此外，企业要运用仿真、迁移、载体转换保护等技术将文档备份，最大限度地为数字化运营平台中的数据提供安全保障。

三是加强数据管理，形成数据档案。企业需要加强对数字化运营平台中的数据管理，建立专门的数据档案管理部门。同时，企业要建立健全的管理制度，如将文档分类存放、对管理人员开展日常培训等。

四是增强相关人员信息安全意识，提高防范能力。企业需要明确数字化运营平台中的数据重要性，提高相关人员职业道德水平和社会责任感。企业可以在行业内广泛开展信息安全保护宣传活动，通过各种途径，帮助企业相关人员增强信息安全意识并提高防范能力，做到防患于未然。

数字化运营平台是一把"双刃剑"，能帮助企业推进数字化转型，存在信息泄露的风险。企业在利用数字化技术不断提升效益的同时，要统筹兼顾、未雨绸缪，保障数字化运营平台的信息安全，实现数字化技术对企业赋能的最优效果。

第八章　善解人意的数字化服务

数字化服务追求简便、快捷的理念，强调服务标准及服务结果的可识别性和可对比性。企业要想实现数字化服务，应该以"让每位用户都可以得到极致服务"为原则。目前，数字化服务已经广泛应用于各行各业，这不仅让传统服务变得不再传统，还为企业带来了无限可能。

第一节　提供"正好"的服务

在创业圈，"服务创造收入，优质服务创造高收入"很流行。所谓"优质服务"，从一定程度上来说其实是"正好"的服务，即用户真正喜欢且需要的服务。在数字化时代，企业应该为用户提供"正好"的服务。

一、掌握用户的身份变化

近年来，越来越多的数字化技术都实现了商业化应用，用户之间的差异性也逐渐凸显出来。如果企业可以精准地识别用户身份，为用户提供个性化服务，就可以有效提高用户转化率与活跃度，获得更多利润，推动数字化转型。

如今，用户数据的价值更多体现在企业如何运用上。一家拥有更多有效数据的企业，也拥有更强的经营和发展优势。如何对产品数据及用户数据进行挖掘、分析、整合，已经成为企业进行战略布局的重要课题。企业可以从以下几方面着手，对用户数据进行分析、整合，从而精准识别用户身份，为用户提供极致服务。

1. 有目的地收集数据

企业有目的地收集数据，可以确保数据分析结果有较强的针对性与实操性。

如果企业可以在数据诞生的瞬间对其进行识别，就能够极大地减少后续数据分析的工作量。这就要求企业搭建用户数据管理平台，并在其中进行用户数据的导入及初步处理，如删除重复数据、标记相似数据等。

2. 匹配关联数据

将来自不同渠道的数据进行关联，初步建立可视化的用户视图，是整个用户分析过程中重要的一步。随着人们的信息保护意识逐渐增强，许多用户不会留下自己的真实信息，数据匹配也因此变得更加困难。在这种情况下，如果企业依然将来自不同渠道的信息按重复字段进行匹配，除了带来极大的工作量，工作效率和成功率也会极其低下。

目前，几乎每个平台都会让用户使用手机号进行身份认证，因此企业可以将手机号作为连接纽带，借助它将各渠道的信息进行关联。在找到数据源头后，再利用用户的附加信息对原有数据进行补充。

3. 验证用户画像

企业首次绘制出的用户画像可能存在数据偏差，因此企业后续还要根据用户的行为偏好对用户画像进行修正。定向内容评估法是常用的验证用户画像的方法之一，即在建立初步的用户画像后，根据画像结果对用户进行产品推送，通过产品的购买率或复购率判断用户画像是否准确。

此外，由于用户数据具有时效性，企业要及时对数据进行更新，以更快的速度为用户提供其想要的服务。这样企业才能与用户进行及时、适当的沟通，从而促进用户转化与回流。同时，企业需要加强信息安全防护，防止数据泄露。

二、想办法提供用户想要的服务

有时候，服务不受欢迎不是因为服务质量差，而是因为企业提供的服务不是用户想要的，所以用户很难对服务感到满意，甚至会觉得企业服务不到位。综观近几年发展得不错的企业，如海底捞、小米等，它们几乎都在服务上有独到之处。

那么，如何才能给用户提供其想要的服务呢？企业可以从以下几方面入手。

1. 帮助用户提高效率

帮助用户提高效率就是帮助用户更便捷达成目的。例如，基于用户想要更快收到产品这个需求，京东为用户提供211限时达服务，即上午11点前下单，当天送达；晚上11点前下单，第二天下午3点前送达。该服务使京东快速获得了很多用户。

2. 帮助用户降低成本

人们的需求是无限的，而人们达成需求的钱、时间、精力是有限的。如果企业可以帮助用户降低时间、精力、资金等成本，就更容易获得用户的青睐。例如，很多购物网站推出的海淘、二手奢侈品租赁等服务，都是在满足用户以低价体验优质产品的需求。这些服务不仅受三、四线城市用户的欢迎，在一、二线城市的用户中也非常有市场。

3. 为用户提供更专业的服务

企业在行业内的排名居前列是很多用户选择该企业产品的理由，因为这样的产品更专业、品质更高，且已经过很多用户的检验。更专业是用户对企业的直接诉求之一，也是用户信任企业的前提。例如，现在各个领域都在进行细分，目的就是为用户提供更专业的服务。

4. 为用户提供更好的服务体验

除了产品需要不断迭代，用户的服务体验也需要不断升级。用户对于优质服务体验的要求是没有上限的。例如，以前租房是一件体验感很差的事，看房子、谈价钱、签合同等都很麻烦，稍有不慎还会落入房东和黑中介的圈套。而自如针对这些痛点，将房源智能化，支持App预订、签约，实现了租房服务全流程的数字化、移动化，受到了很多用户的欢迎。

5. 满足用户精神需求

满足用户精神需求就是在精神层面唤醒用户的认同感、依赖感、稀缺感、归属感，让用户对产品的黏性增强。例如，很多奢侈品都主打限量这一特点，目的就是吸引用户为稀缺性和尊贵感付费。

随着技术的升级，企业为用户提供的服务也要持续升级。但服务升级需要以用户为中心，如果与用户需求背道而驰，那么这样的服务不仅没有价值，还会增加企业成本。

三、"正好"的服务才更有吸引力

企业为用户提供的服务越多越好吗？答案是否定的。过多的服务不仅会增加企业的成本，还会让用户感到困扰，认为过程非常麻烦。事实上，真正优质的服务是在恰当的场景中为用户提供"正好"的服务。如图 8 - 1 所示，以 iPhone 手机为例，iPhone 手机有两种接通电话的方式。

图 8 - 1 iPhone 手机两种接通电话的方式

为什么要设置两种接电话方式呢？因为用户的使用场景不同。左图是手机未锁屏时的接电话方式，右图是手机锁屏时的接电话方式。未锁屏时，手机一般是被用户使用的状态，因此不会发生误触的情况，用户可以直接点击接听；而锁屏时，用户并未使用手机，手机可能在口袋里或包里，采用滑动接听的方式可以解决误触的问题。

用户使用场景中包含使用时间、网络环境、用户心理状态、使用设备等要素，要素不同，用户的需求会略有不同。因此，企业要做的不是推出冗余的服务让用户自行选择，而是当用户刚觉得"口渴"时，就把一杯温度正好的水送到用户面前。

1. 使用时间

使用时间包括季节、月份、节假日、白天、晚上等，在不同的使用时间，用户需要的服务不同。例如，许多阅读类 App，如掌阅

iReader、番茄小说、微信读书等，能够切换深夜模式，即用户可以将
App 中的阅读背景切换为暗色系。

2. 网络环境

网络环境包括 Wi-Fi、5G、4G、3G 等，不同的网络环境需要不同
的产品使用模式，特别是流量消耗比较大的 App，如在线视频类 App、
购物类 App 等，尤其需要这样的服务。在用户使用百度网盘播放未下
载到本地的视频时，只要检测到用户的网络环境从 Wi-Fi 变成了移动
网络，该 App 就会提示用户"当前非 Wi-Fi 状态，继续播放将消耗手
机流量"，这种方式可以帮助用户节省流量。

3. 用户心理状态

用户心理状态包括兴奋、期待、愤怒、悠闲等，这是很多产品都
容易忽略的一个场景要素。事实上，用户使用产品时的感受如何与其
心理状态有很大关系。例如，"确认收货"与"申请退换货"是很多
购物类 App 都有的功能，但用户在进行"确认收货"与"申请退换
货"操作时的心情是不一样的。用户在"确认收货"时，心里对产品
基本是满意的，这时企业就可以在页面上增加一些能唤起用户同理心
的引导性内容，从情感上打动用户，提升用户留存率。而用户在"申
请退换货"时，心里或多或少会有不满情绪，所以企业最好将退换货
流程设置得明确清晰，让用户尽快完成相关操作，化解其不满情绪。

4. 使用设备

使用设备包括电脑、手机等，有时同一款产品在不同设备上的呈
现效果有很大差别，所以企业为用户提供的服务也要有所差别。例如，
内容类产品的排版格式会影响读者的阅读体验。电脑屏幕大，运行更
流畅，用户可以轻松查看大图和字号较小的文字；手机屏幕小，很多
时候有网络限制，无法看清较大的思维导图。因此，很多内容类产品

都有电脑端和手机端两种模式（如京东读书），以便用户自由选择，提升用户的使用体验。

随着人们的物质生活愈加丰富，传统的"人找服务"模式已经逐渐失去竞争力，企业不能在用户提出诉求后才为其提供相应服务。企业要转变思路，通过数字化技术让"服务找人"，尽量在用户刚产生需求时就为其提供优质的服务。

第二节　数字化的服务方式

在疫情防控期间，用户体验呈现线上化、数字化趋势。如果企业可以升级服务方式，让服务方式的数字化程度更高，那么用户的满意度和忠诚度就会更高。

一、服务精准化

以前，企业通常采用市场调查的方式对市场情况、现状及其发展趋势进行搜集、记录、整理和分析，从而制定更科学、更合理的发展策略。随着技术的不断发展，大数据和智能算法被广泛应用于各个领域，并成为市场调研的重要技术支持。企业可以利用技术预估产品的销售额，更精准地进行用户需求匹配，从而提高交易效率及品牌知名度，维护品牌口碑。

亚马逊利用大数据建立个性化推荐系统后，销售额得到大幅提升，个性推荐这个功能也逐渐出现在新闻、音乐以及社交等各类 App中。如今，许多企业都利用大数据了解用户的浏览、购买、投诉、退换等情况，进而对自身的产品进行优化，并根据数据分析结果预测新一轮消费热点，将产品信息和优惠活动精准投放给有需求的用户，为用户提供精准、便捷的个性化推荐服务。这样不仅可以极大提升用户活跃度，还可以全面优化产品决策，增加企业盈利点，充分挖掘大数据的商业价值。

淘宝就是利用大数据进行产品推荐的典范。用户在利用关键词搜索产品时，搜索结果并不完全是随机的。淘宝后台会根据大数据判断用户偏好，将那些容易激发用户消费热情的产品置于顶部，从而引导用户购买。

二、高价值会员模式

随着流量红利逐渐消退，企业获取用户、提升用户规模的难度越来越大，能够提高用户留存率、深度挖掘用户价值的会员模式被重新推上高位。会员模式的核心逻辑是通过良好的交互设计、切实的会员权益、优质的激励系统，将处于流动状态的用户留存下来，并充分挖掘其商业价值。企业可以从以下几个方面入手，建立数字化的会员模式。

1. 会员中心的设计

会员中心是用户与企业之间的连接枢纽，优质的交互设计能极大地提升用户对品牌的好感度，增强用户的品牌信任感。会员中心应将企业背景作为设计核心，充分考虑企业定位及用户偏好，使界面布局具有更强的合理性及交互性，全方位提升用户的使用体验。

2. 会员权益的设置

如今，产品同质化日益严重，为用户提供个性化、多元化的会员权益，可以显著增强品牌对用户的吸引力，从而极大提高用户留存率。会员权益的形式是多样的，视频网站会员、电商平台购物代金券、服务体验券等第三方平台的增值服务也可以作为会员权益提供给用户。

在全方位、多角度对用户偏好进行分析后，针对用户的个性化需求设置的权益，势必获得用户的喜爱。

3. 会员等级的划分

企业可以根据会员的忠诚度、活跃度、消费情况等因素进一步划分会员等级，这样有利于企业更准确、更全面地进行会员评估，同时可以为高等级的会员配置更高级别的权益，从而激发会员的升级与消费热情。此外，在划分会员等级后，企业便可以更有针对性地开展运营活动，挖掘会员的深层价值，实现投入产出比最大化。

4. 积分系统的建立

作为一种常用的营销策略，积分系统可以有效增加用户的品牌记忆点，提升用户的品牌忠诚度，保持用户黏性。企业可以根据品牌特性设置积分名称、使用规则、兑换方式、有效期限等，建立更完善的积分系统。

同时，企业可以定期举行幸运转盘抽奖、答题抽奖等活动，让用户可以从活动中获取积分，从而有效提升用户积极性及转化率，进一步提高用户的品牌忠诚度。

在建立数字化会员模式后，企业就可以充分挖掘数据价值，发挥数据的业务指导作用。在掌握用户的消费习惯及偏好后，企业就可以更有针对性地对产品进行创新改良、营销。此外，数字化会员模式可以帮助企业在提升宣传效果的同时，最大限度降低运营成本，将会员数据转化为巨大的经济效益。

三、智能化售后

传统的售后服务通常需要耗费大量的人工、时间成本，而且容易出现问题。如果一位售后人员在短时间内需要接待大量的用户，那么他极有可能无法为每位用户提供优质的服务，从而引起用户的不满。在这种情况下，构建智能化的售后服务系统显得格外重要。企业可以从以下四方面入手构建智能化的售后服务系统。

1. 整合零散信息

只有了解用户，才能为用户提供更好的服务。企业应该将全部用户的信息统一记录在服务系统中，使服务人员可以随时随地调取产品及用户的相关信息。同时，企业要在系统中添加大量的解决方案，帮助服务人员快速了解产品的参数、故障原因、维修进度等数据，进一步提升服务质量和效率。

2. 合理分配工作

智能化的售后服务系统以服务流程为基础，对用户需求、仓库分布、备件库存等信息进行整合，从而形成业务协同，为用户制订最佳的售后服务方案。同时，智能化的售后服务系统会根据用户需求为其匹配适合的售后服务人员，并根据用户的位置、预约时间、所需配件等信息为售后服务人员规划最优服务路径。

3. 深入分析数据

在服务过程中，售后服务人员需要将采集到的全部数据进行留存，并使用智能算法对这些数据进行全面、透彻的分析，以生成可视化分析报告。这样不仅可以为后续的团队管理及战略决策提供有力支撑，还可以进一步完善服务方案，提升用户满意度及复购率。

4. 服务过程透明

用户满意度是评判服务人员工作质量的指标之一。在完成服务后，服务人员应该及时将服务报告上传至系统中，以便管理人员进行监督。同时，企业可以向用户发放调查问卷，进一步了解服务人员的服务态度及专业程度。

市场竞争日益激烈，用户获取成本也随之提高，企业对用户黏性增强、产品复购率提高等内容也越来越重视。智能化的售后服务系统可以帮助企业节约管理成本、提高运营效率、提升服务品质，进一步唤醒用户的品牌认知和复购意识。可以说，构建智能化的售后服务系统成为企业建立竞争优势的极佳途径之一。

第三节　数字化的用户体验

很多企业已经认识到数字化转型为自身带来的巨大的可能性，各种数字化事物也在不断涌现，甚至用户体验也开始走向数字化。因此，企业要充分利用自身能力，持续改善用户体验，树立更有竞争力的品牌形象，妥善应对用户的挑剔选择。

一、增强服务便捷性

随着 VR（虚拟现实）、AR（增强现实）、5G 等数字化技术的发展，企业为用户提供的服务更便捷、方式更多样。例如，全息投影被应用于广告宣传和产品发布会，为用户带来了全新的感官体验。而 5G 通信技术可以将这种感官体验实时传递给不在现场的用户，从而进一步扩大宣传范围。

随着各类新兴技术的出现及应用，用户对传统的"文字＋图片"的宣传方式已经产生视觉疲劳，其已经无法满足用户的心理需求。在这种情况下，企业需要寻找新的宣传手段进行产品展示。如图 8 - 2 和图 8 - 3 所示，某企业用全息投影技术展示新款球鞋。

图 8 - 2　新款球鞋

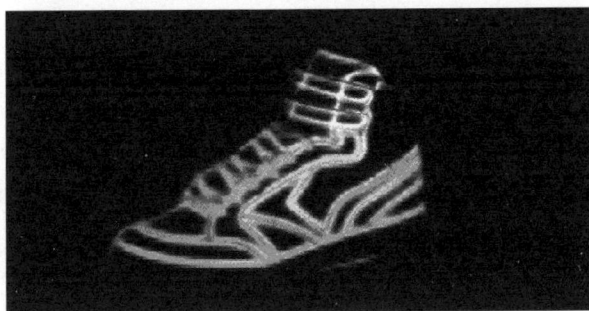

图 8 - 3　全息投影下的新款球鞋

　　全息投影生动地展示了这款球鞋的特色，使其更加鲜活地映入用户眼帘。在相对黑暗的环境下，全息投影可以利用亮色线条勾勒出球鞋的轮廓，使其形成相对立体的模型，这有利于展现企业对球鞋细节的设计。

　　全息投影在产品展示方面具有非常突出的优势。企业将想要推广、宣传的产品放在全息投影橱窗中，可以凭空出现产品的立体影像，且其能 360 度旋转，更好地吸引用户的注意力，给用户留下深刻的印象。通过全息投影，用户在没有看到实物之前，甚至可以感知球鞋真实的样子，节省了用户查看产品信息的时间。而且这样的设计可以突出产品的亮点，使产品得到更多用户的喜爱。企业也因此可以销售更多产品，获得更多利润。

如今，全息投影的应用范围更广泛，如用于商场与街边橱窗中的商品展示等。全息投影打破了空间的限制，使用户获得远程实时体验，更好地向用户展示各类产品。这样不仅能让用户更快了解产品，买到心仪的产品，还能给用户留下深刻的印象，有利于后期的大规模销售。

二、营造新奇服务体验

vivo 作为智能手机领域的国际化品牌，已经覆盖 32 个省份 600 多个城市，并在海外城市设有线下网点。vivo 每年都会投入大量的技术研发资金，用于对 5G、大数据和区块链等技术的应用，研发拥有极致影像、专业音质和愉悦体验的智能产品。

vivo 不仅聚焦手机硬件研发，还致力于成为全生态链科技型企业。随着消费市场的不断变化，新零售热潮来袭，vivo 也在积极探寻更高效的数字化业务模式，针对线下门店管理模式及线上运营模式进行了一系列的数字化转型探索，力求为消费者带来全新的使用体验。

第一，vivo 构建了导购员与用户持续互动的新方式。vivo 利用互联网技术优化导购与用户之间的互动模式，创造出"导购扫码＋用户扫码"的运营模式，开通将线下用户引流为线上会员的另一渠道。同时，vivo 利用通信平台建立起与用户的联系，实现导购与用户一对一持续互动，及时关注用户需求，使得用户在线上浏览产品、下单支付、物流运输和售后服务等环节中获得更好的体验。

第二，vivo 利用大数据等信息技术，对门店进行数字化运营。利用数据建模、人工智能客流监测等方式，vivo 能够结合天气、环境等变量，综合评估可能会对客流产生影响的因素，预测门店客流量、经营效果等，并为门店经营者敏捷决策提供参考。智能化技术还能够帮助 vivo 综合分析店庆、SP（促销）活动、重要节假日等重要日期的客流情况，使门店经营者能够掌握客流规律，实现智能化排班，使门店管理效率得到显著提升。

第三，vivo 结合多种信息技术进行网络营销。vivo 充分利用社交媒体渠道，推广企业、品牌、产品和服务，使用户迅速建立起品牌认知，提升品牌的市场认可度。vivo 还借助网络分析工具出具相关分析报告，结合报告制定出符合市场需求的经营策略。此外，vivo 通过跨职能协作创新数字化营销途径。

在数字化转型方面，vivo 真正做到了"转换""融合"与"重新构建"。"转换"即将传统的信息技术转为新一代信息技术的数据信息，从而促进技术应用升级；"融合"即将实体运营全过程转化为信息系统中的数据信息，将信息技术与企业管理融合；"重新构建"即对传统生产模式下的设计研发和生产经营等环节进行重新构建。

企业数字化转型需重视用户体验，只有"想用户之所想，急用户之所急"，企业才能更好满足用户需求，在数字化时代的竞争中占据优势地位。

第九章　一呼百应的数字化营销

数字化营销是借助互联网、人工智能、VR、AR 等技术实现营销目标的一种新型营销方式。对于企业来说，数字化营销优势很多，包括宣传不受限制、推广成本低、品牌展示渠道多等。在数字化转型的大背景下，营销被赋予了新的内涵，企业可以与用户建立更紧密的联系。因此，企业应该打造数字化营销体系，积极推动营销变革。

第一节　营销转型，成交更高效

营销学之父菲利普·科特勒指出：市场变得比市场营销更快。由此可见，企业如果想持续经营下去，就必须结合市场发展现状，尽快实现营销转型。

一、在营销中加入更多技术要素

随着技术的不断发展与普遍应用，再加上新型营销模式的出现，一些没有跟上发展潮流的传统企业被淘汰了，甚至一些新型电商企业也没有逃脱这样的命运。在数字化时代，所有企业都应该转型升级，而实现这一目标的极佳方法就是在营销中加入更多的技术要素。

通过技术手段创新营销模式是实现营销转型的必经之路。技术要素为企业营销带来的变化如图9-1所示。无论是企业营销能力的提升，还是消费者消费体验的优化，都离不开技术要素的支持。

图9-1　技术要素为企业营销带来的变化

1. 未来产品将变得更加智能，企业向"智能商业体"转型

京东集团曾表示，时代正在发生快速、剧烈变化，未来10年科技的进步速度将超过过去100年的，在以人工智能为代表的第四次商业革命来临之际，京东集团将坚定地朝着技术创新转型。另外，京东集团指出，在未来，要让京东变成包括智能商业、智能金融、智能保险业务在内的全球领先的智能商业体。的确，在技术迅猛发展的今天，每家企业都应该拥抱技术，只有这样，才能跟上潮流，不被时代抛弃。

2. VR和AR将缩短企业与消费者之间的距离

如今，VR技术已逐渐获得广泛应用，如深受服装企业和消费者喜爱的"3D试衣镜"。"3D试衣镜"是在"人体测量建模系统"的支持下才得以顺利运行的，消费者只要在"3D试衣镜"面前停留3~5秒，系统就可以建出一个人体3D模型，并获取详细且精准的消费者身材数据，然后这些数据就会被同步到"云3D服装定制系统"中。这样一来，企业不仅可以为消费者提供虚拟试衣服务，还可以根据消费者的身材数据为其进行远程服装定制，极大缩短了消费者与企业之间的距离。

3. 购物功能与智能技术相结合，消费者体验得到提升

在线下实体店进入发展瓶颈期的情况下，亚马逊用无人实体商店Amazon Go 实现了逆袭。亚马逊采用了计算机视觉、深度学习、传感器融合等技术，省去了传统柜台收银结账的烦琐过程。在 Amazon Go，消费者只需要下载 Amazon Go App，在商店入口扫码成功后就可以进入商店购物。当消费者离开商店后，系统会自动根据其消费情况在其个人的亚马逊账户上结账。

随着技术的不断发展与升级，除了虚拟超市、无人超市获得了广泛关注，无人仓、无人机等新兴技术在某些领域也已经投入使用。技术是企业走向数字化、智能化、自动化的强大推动力，因此，想要成功实现数字化转型，企业必须积极拥抱各项技术。

二、程序化购买创新营销模式

程序化购买指的是基于技术和数据进行广告投放和交易管理。近几年，移动营销市场的快速发展为程序化购买提供了良好的环境。在用户定位与识别上，程序化购买搭配移动端丰富的营销形式，让数字化营销迎来了新发展。

为什么交易要朝着程序化的方向发展？原因有以下四点：一是政策监管要求；二是企业对精准营销的需求更高；三是互联网红利逐渐消失，流量价值需要被进一步挖掘；四是广告已不再是图文和视频的天下，而是技术、场景的融合。

伴随着人工智能、区块链等技术的发展，程序化购买将从技术驱动走向智能驱动。以往，企业想要把广告投放到媒体上，每一步都需要人工操作，包括和媒体谈价格等。但因现在行业竞争压力大，头部流量集中，企业很难去逐个对接媒体资源。

而程序化购买则使得营销中的很多步骤都可以通过技术手段完成。企业可以在 DSP（需求方平台）上寻找多个可投放广告的媒体资源，还可以更精准地把广告投放给相应的用户。具体需要以下五个步骤。

第一，企业在 DSP 上决定这条广告要投放到哪些媒体。

第二，企业利用 DSP 的算法技术，设定广告的目标用户属性等信息，确定广告向哪些用户展示。例如，某条广告的目标用户是喜欢玩游戏的"90 后"男性，那么就可以通过技术设置，只向目标用户投放该广告。

第三，媒体资源把带有同样属性标签的用户展示给 DSP。

第四，DSP 根据企业设定的信息进行定向匹配。

第五，通过自动竞价为企业匹配最合适的用户，并向这些用户展示广告。

程序化购买减少了广告投放和交易过程中的人工参与，通过自动竞价的方式在很短时间内就能完成广告投放，这样既保证了媒体价值被最大限度释放，又提高了广告投放的精准度，实现了企业与媒体的双赢，可谓一举两得。

第二节　有用且省钱的数字化营销

在传统营销时代，营销人员需要面对面拜访用户，并使出浑身解数向用户推荐产品。在这个过程中，许多营销人员几乎没有考虑到用户的感受，导致用户的消费体验差。如今，技术不断发展，企业如果想更好生存下去，就要借助数字化营销手段去解决营销问题，实现获客率和转化率提升。

一、瞄准用户喜好的个性化推荐

互联网的出现和普及为用户带来了大量信息，但也使得用户获得精准信息越来越困难，同时企业越来越难以精准触达用户。基于数据的个性化推荐系统应运而生。

个性化推荐系统是一个建立在海量数据挖掘基础上的高级商务智能平台，它通过分析用户数据，向用户推荐他们可能感兴趣的信息。与搜索引擎不同，个性化推荐系统无须用户描述明确的需求，而是通过分析用户的历史行为，主动推荐可能满足他们需求的信息。例如，用户在购物网站搜索女士服装，根据用户的浏览记录和购买记录，系统会自动在主页为其推荐相关产品。

亚马逊在建设个性化推荐系统方面极具代表性。亚马逊不仅从用户的购买记录中获得相关信息，还从用户的上网习惯、页面停留时间、购买决策时间、购物车中的商品、对商品的评价、使用优惠券等一系列行为中分析用户的行为决策和心理动机。例如，当用户浏览了多款手机而没有购买时，亚马逊会在一定周期内，通过电子邮件将品牌、价位、类型与用户喜好契合的手机的促销信息发送给用户。

个性化推荐系统可以在复杂的运营场景下，精准地将人、货、场三个业务经营的核心元素联系起来，降低获取流量的成本，提高触达用户的效率，助力业务增长。

二、打造全渠道一致体验

很多企业给用户提供的服务都存在一个问题：服务没有统一的标

准，用户在不同渠道享受的服务质量不同。这会导致用户对企业服务的满意度降低，对企业的口碑产生影响。如果企业想提升用户体验，建立好口碑，就必须打造全渠道一致的服务，让用户在任何时间、任何地点都能享受到无差别的服务。

腾讯与绫致集团合作，将人工智能首次应用于服装销售过程中，开启了"人脸智慧时尚店"的全渠道体验。"人脸智慧时尚店"最先在深圳投入使用，VERO MODA（维莎曼）和 JACK&JONES（杰克琼斯）两家应用人工智能的服装店同时开业。

如果用户是该店的会员，那么在购买过程中，用户仅需站到智能试衣间进行识别，智能系统就会根据用户画像并结合绫致集团的产品库来为用户提供服装搭配。结账时用户还可以选择刷脸付款，即用户只需要进行面部识别就可以完成支付，免去了打开手机的过程。

在绫致集团旗下服装品牌店的购买体验过程中，品牌能与用户全程保持紧密接触。线上与线下均有店员随时准备为用户服务，将售前、售中以及售后服务贯穿用户购买过程。用户的线上购买数据会被企业用于用户画像绘制，方便线下进行服装搭配，而用户在线下最终选择的服装搭配数据也可以为企业进一步完善用户画像。

用户数据的收集与分析是企业全渠道服务的重要革新。以前，很多服装店都会设置服装展示区，但参考的用户寥寥无几。因为这种服装展示不是针对用户，而是针对产品。现在的用户更渴望展现自己的个性，所以不太会参考服装展示区大众化的搭配方式。而绫致集团应用的人工智能通过先对用户进行画像分析，然后向用户推荐对应的服装搭配，考虑到了用户的个性特点，所以更容易被用户接受。

此外，绫致集团旗下的品牌都实现了产品统一，即线上线下服装版型、尺码、颜色等完全一致，用户可以根据自己的喜好与需求选择在线上或线下购买，不会出现产品质量不一致等问题。

三、建立泛渠道，扩大用户覆盖面

近些年，许多企业在用户覆盖层面都已经达到了上限，在这种情况下，拓宽渠道的广度和深度成为实现企业可持续发展的关键。

那么，企业应该如何建立泛渠道，实现用户精准触达呢？

第一步，进行资源合作，扩大用户覆盖面。企业可以充分拓展周边行业的渠道资源，扩大用户的覆盖面，增强企业产品对用户的吸引力。例如，与其他媒介融合、通过多个渠道联合推广等。企业要运用多种方式最大限度地覆盖目标群体，从而增加企业的曝光度，使运营效果最优化。

第二步，进行场景化营销，优化用户消费体验。最高级的营销不露一丝痕迹，会给人一种所听所见即所得的真实感。企业可以充分挖掘、追踪和分析用户数据，在全渠道打造统一的消费场景，连接用户线上和线下行为，通过与用户互动沟通，树立良好的品牌形象，提升用户转化率，实现精准营销。

第三步，建立用户管理体系。用户的精力都是有限的，正因如此，企业需要建立一个可以不断涌入"新鲜血液"、沉淀内容的用户管理体系。这样企业就可以对用户行为数据进行有效分析，尽一切可能提高用户的留存率，最大限度地发挥用户的商业价值。

第四步，寻找相应KOC（关键意见消费者）。企业可以利用KOC的人设以及私域流量，实现低成本、高效率产品营销。从某种程度上来讲，KOC的意见具有影响力和感染力，一个合格的KOC甚至可以对100个甚至1000个、10000个普通用户产生影响。因此，寻找KOC十分重要，需要得到企业的重点关注。

企业在成功拓宽用户与产品接触的各个渠道后，就可以有针对性地进行营销活动，满足用户在任意时间、任意地点的购物需求，为数字化转型赋能。

第三节 如何做好数字化营销

对于企业来说，数字化营销的玩法更多样、更灵活，效果远优于传统营销。进行数字化营销的企业更容易根据自身实际情况，随时调整营销方案，从而吸引更多用户，让产品和品牌得到更大范围传播。

一、建立企业官方网站：高效的官方展示渠道

官网是企业的另一张"脸"，记载着企业的发展情况和产品信息。设计优秀的官网能充分体现出企业的内涵，提升消费者的好感度；而设计敷衍的官网不仅不能有效体现出企业的内涵，还有可能将很多潜在消费者拒之门外。官网是性价比很高的长期广告，运用好这个宣传渠道，既能提高产品的销量，又能使企业树立权威、专业的品牌形象。

那么，企业应如何设计官网呢？可以从以下几个方面入手。

1. 需求分析

官网是企业面向大众的窗口，能展现品牌形象。企业要根据自身所处发展阶段及宣传需求对官网进行合理设计。初创企业的官网需要集中展现核心业务，以及和其他企业的差异；成长中的企业需要适当转型，因此在官网中要着重推广新业务；较为成熟的企业需要细化每个产品线的内容，因此要在官网中尽力呈现出专业的形象。

2. 总体定位

虽然每家企业的核心业务不同，但官网都是由广告语、核心业务、优势、产品介绍、企业简介等部分组成的。企业要在优化视觉表现、突出营销业务、丰满产品线等方面优化官网的设计。

3. 风格确定

官网的风格需要根据品牌的调性来确定，使官网既能呈现出品牌形象，又能强化产品优势。例如，Adobe 的官网以黑色为主色调，并辅以简单的图片拼接，低调又吸引人；苹果官网秉承着"less is more"的简约风格，以黑色、白色、灰色为基础色调，并搭配简单的宽屏高清图，传递出优雅、极致的品牌理念，给用户一种高级感。

4. 搭建框架

官网的所有功能可以拆解为以下关键词：首页、营销、广告管理平台、数据管理平台、供应方平台、软件产品、解决方案、实验室、优秀案例、企业新闻等。在官网设计中，如果每个功能都很突出，就相当于没重点。无印良品的官网设计就很"克制"，旨在用体验和细节去打动用户。因此，官网设计不能一味横向扩充，还要增强纵深感和层次感。

5. 优化首页设计

官网首页是对官网各个菜单功能的概述，并为用户提供目录式的指引，主要展现企业愿景、产品定位、企业核心业务等，使用户对企业有一个大概的了解。

此外，官网页面应具备统一性，确保各个功能模块的标题、文案、图片的风格大致相似。

二、新型引流工具：技术型广告

随着技术的不断发展和广泛应用，技术型广告越来越受欢迎。技术型广告不仅对推广渠道产生了深刻影响，也使企业与用户之间的距离更近。在技术型广告中，跨屏广告、实景广告是较常见的，也是数字化时代的产物。

1. 跨屏广告

试着想象这样一个场景：你在下班前用笔记本电脑浏览了一件心仪已久的连衣裙，下班回到家后发现手机上的电商平台为你推荐了这件连衣裙。你可能会认为这是你和连衣裙之间的奇妙缘分，但事实真的是这样吗？其实这是跨屏广告在发挥作用。

对于企业来说，将广告精准地推送给用户是实现营销成功的重要一步。而跨屏广告能够实现把广告发送到同一个用户的多个智能设备上，如手机、电脑、iPad 等。这种重复向用户推送广告的策略有利于提升企业的营销效果。

如今，借助大数据、5G 等技术，跨屏广告已经成为现实，这为企业带来了新的机会。跨屏广告的核心要点是跨屏识别，企业需要明确用户的每一次浏览行为背后的目的，打通与用户相关的各类数据，如账号、Wi-Fi、IP（网际互联协议）地址、消费习惯等。

物联网也让跨屏广告拥有了现实的场景，智能设备之间直接通信是物联网的典型应用之一。因此，在物联网的影响下，用户的购物体验将进一步提升，企业将获得更多基于用户行为的数据，这些数据可以提升广告的投放效果。

2. 实景广告

实景广告是通过 VR 或 3D 投影技术将具体位置的实际景象以互动

的方式展示给用户。售楼处、景区、购物中心、游乐园、酒店等都非常适合采用这种广告形式。对于企业来说，实景广告就像"开箱"展示一样，可以给用户带来真实的体验和身临其境的感觉。

以前，因为网速的限制，实景互动无法在广告中实现，只能通过网站或者 App 载入。但自从 5G 出现并得到应用后，网速有了大幅度提升，实景广告将会替代图文广告和视频广告，让用户能够以任意视角查看产品的细节。

跨屏广告和实景广告是技术革新的产物，开启了数字化营销的"下半场"。不一样的视角、不一样的玩法，跨屏广告和实景广告让企业更接地气，也为企业创造了更大的发展空间。在这样的趋势下，企业应该开拓创意疆界，积极用技术赋能营销。

三、情感化内容运营，提升共鸣感

在购买任何一款产品时，消费者的决策都会受感性和理性的影响，只是二者对消费者购买决策的影响程度不同。感性会触发理性思考，而理性也会夹杂着感性的诉求。在这个信息爆炸的时代，人们会接收到各种各样的信息，人们会选择屏蔽广告，以更快地获取自己需要的信息。

菲利普·科特勒在《营销管理》中提到，消费者的决策路径分中央决策路径和边缘决策路径。

中央决策路径是指消费者的决策行为源于对目标产品信息的大量理性思考。边缘决策路径是指消费者的决策行为不是基于理性思考，而是基于自身的认知或其他的边缘信息，包括体验场景、情感共鸣、内心感受等。

我们可以将中央决策路径看作理性决策路径，即企业通过突出产品卖点，利用专业数据和细节与消费者沟通。例如，企业在宣传内容中向消费者传递事实、数据、权威研究结论。以买车为例，汽车"发烧友"更关心汽车的性能参数，如果汽车的宣传文案能把这些信息传递给他们，那么"发烧友"就很容易被说服。

边缘决策路径也可以被看作感性路径，即企业通过突出产品的使用场景，挖掘消费者的情感共鸣点，向消费者强调产品优势，与消费者建立情感连接。例如，别克旗下的君越、君威、英朗、威朗四款汽车，分别针对成功人士、中产阶级、已婚白领和未婚白领。针对这四类人群的情感需求，四款汽车有不同的广告语。君越的广告语是"不喧哗，自有声"；君威的广告语是"一路潮前"；英朗的广告语是"懂你说的，懂你没说的"；威朗的广告语是"天生爱跑"。

再如，Beats 耳机没有忘记与消费者进行理性沟通，用强大的性能征服消费者，获取消费者的信任。Beats 耳机的理性广告如图 9 - 2 所示。Beats 耳机的广告通过某明星凸显产品的基调，试图激发消费者的感性情绪。

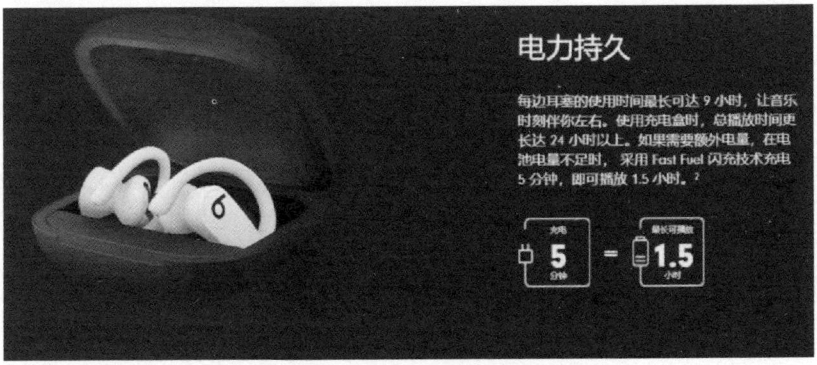

图 9 - 2　Beats 耳机的理性广告

　　理性与感性的结合，既能满足消费者外显的理性目标，又能满足消费者隐性的情感需求，以达到更好的营销效果。

　　相关心理学研究证明，人的理性是有限的。例如，人们往往在认知、判断、决策等方面不是很理性，而且大多数人在极端情况下都无法保持理性。

　　因此，企业不能只凭借极具理性的逻辑来说服消费者，例如，不断给消费者介绍产品的性能和技术优势。对于企业来说，更重要的是时刻洞察消费者的价值观、行为、心理、情感诉求，并在此基础上"占领"他们的感性思维。

第十章　灵活机动的敏捷组织

从字面意思来看，敏捷是指迅速而灵敏，而敏捷组织则是指可以根据外界变化及时整合资源并做出反应的组织。在数字化时代，敏捷组织非常重要，任何想要进行数字化转型的企业都应该打造敏捷的组织。

第一节　从传统组织到敏捷组织

随着数字化时代的到来，传统组织面临非常严峻的挑战。在这种情况下，敏捷组织作为新事物迎合了发展潮流，帮助企业扩大优势，在市场上受到了广泛关注。企业应该尽快完成从传统组织到敏捷组织的转型，并构建与之匹配的组织架构。

一、数字化时代的组织架构

在现代管理体系中，组织架构对企业的发展速度和发展方向产生重要影响。随着数字化转型越来越受重视，企业的组织架构发生了重大变化。做任何事情都追求流程完整、步骤明确，搭建企业组织架构也不例外。搭建企业组织架构的步骤如下。

第一步，战略对接。组织架构的设置应该以战略为先，依照战略建立的组织架构更加科学，而且资源分配和发展方向的确定也会比较合理。另外，因为战略和组织架构相互契合，所以企业的发展不会偏离轨道，管理者只需要衡量目标有没有达成即可，员工也不容易产生过度膨胀的欲望。

第二步，选择类型。即是采用直线、职能型组织架构，还是矩阵型、事业部型、区域型组织架构。企业必须以战略、管理方式等因素为基础。由于企业不同发展阶段所需要的组织架构不同，企业要根据实际情况选择合适的组织架构类型。

第三步，划分部门。完成战略对接、选择类型后，企业就可以开始进行部门划分。随着企业的发展壮大，企业的业务会越来越多，分工也会越来越细。但是当分工细到一定程度时，一个层级的管理就超出了限度。在这种情况下，企业就可以把职能相近或者关联度高的部门整合在一起，再指派能力较强的管理者负责管理。

第四步，划分职能。企业选择的组织架构类型不同，所需要的职能也会有所不同。企业的每个部门都有自己的职能，都要承担相应的责任和义务。职能划分得越具体，各部门的岗位设置就会越合理，员工的工作内容就会越明确。

第五步，确定层级。企业的内部管理可以分为决策层、管理层、执行层、操作层四个层级。其中，决策层的人数最少，操作层的人数最多。要确定合理的层级，除了要考虑企业的职能划分，还要制定有效的管理制度，确保各层级都可以自上而下地实施管理与监督。

企业只有加大组织变革的力度，才能更好适应变幻莫测的数字化时代。那些在数字化技术推动下出现的工具或方法往往拥有很好的实践效果，企业需要正确利用滚雪球效应，用成功案例激发组织、员工的潜能，实现可持续发展。

二、培养高效能的敏捷组织

未来的组织形态可能没有定性，但一定具备一致、自主的特点。组织和个体需要在一致性和自主性中找到平衡。

一致性与自主性高度相关，但属于不同的维度：

（1）低一致性、低自主性，即管理者下指令，团队执行；

（2）高一致性、低自主性，即管理者告诉团队要做什么，以及怎么做；

（3）低一致性、高自主性，即团队各行其是，管理者没有实权；

（4）高一致性、高自主性，即管理者提出需要解决的问题，团队寻找解决方案。

如果企业中的所有员工能够为了一致的目标完成具备创造性、挑战性的任务，就表明组织形态具有优越性。因此，企业需要培养具有高度灵活性及较强响应能力的敏捷组织。企业可以利用价值驱动决策，提升敏捷组织的响应能力。价值驱动决策的本质是根据产品及业务的价值确定企业接下来的发展方向，致力于实现投资、管理的价值最大化，它会为企业的战略目标匹配契合的执行方针，显著提升企业的市场响应能力。企业可以通过以下步骤实现价值驱动决策，培养高效能的敏捷组织。

第一步，规划发展战略。企业需要与业务部门在业务管理机制上达成共识，并从组织架构的层面出发，对企业的商业愿景、目标、行动方案等做出规划。这需要企业以用户为中心，及时根据市场运营的反馈对发展战略进行调整。

第二步，建立可视化的待办事项列表。在完成发展战略的制定工作后，企业需要将其中的愿景、目标进行可视化处理，并且对每项行动方案进行深度分析，建立可视化的待办事项列表。

第三步，建立评审与决策机制，对待办事项列表进行审核与调整。评审与决策机制需要由项目负责人、业务人员、市场运营人员共同决定，同时，他们需要对项目的用户反馈、运营数据进行整理，并对是否调整项目战略、各个决策专题的优先级等进行深度推演。

第四步，选用最佳的项目实施方案。通常情况下，策划团队会提出几种项目实施方案，企业需要对这些方案进行评审，并对这些方案进行排序，将最佳的方案交付给研发团队，以便研发团队进行后续的研发工作。

价值驱动决策是高响应力敏捷组织的最佳培养方式。它会促使企业根据商业愿景制定最适宜的策略，同时促使企业根据市场反馈持续对项目策略进行调整。

第二节　管理者的新职能

数字化转型为企业带来了新的价值空间和发展环境，同时要求企业有新的管理方式。在这种情况下，管理者也应该做出改变，充分发挥自己的新职能。如果管理者无法在职能方面做出自我调整，就很难对企业进行有效管理，从而对企业的数字化转型造成一定的影响。

一、协调各方，赋能团队

组织的变革会引发管理者职能的变革。以 CEO（首席执行官）为例，从前 CEO 是领导者，负责下达命令；而在敏捷组织中，CEO 变成赋能者，通过建立数字化领导组织的方式协调各方，让组织内的各个团队更好运转，从而促进企业数字化转型。

数字化领导组织即企业进行资源分配、业务开展、落实管理等基本业务的执行体系，该体系可以增强团队的协作能力，使团队成员的配合更默契、更规范。在建立数字化领导组织的过程中，CEO 要对团队职能进行梳理，并根据每个人的岗位为其分配不同的工作内容。此外，CEO 需要考虑项目的预算、成本、现有的技术水平及当前的经营模式，从而有序、稳定地推动企业数字化转型的进程。

在数字化领导组织架构搭建完毕后，CEO 要选择各项业务的核心负责人。这些核心负责人需要配合 CEO 建立数字化领导组织，并带领团队积极应对企业数字化转型过程中的挑战。

数字化领导组织加强了企业管理层之间的合作交流，为数字化团队实现信息共享和资源协作提供了沟通协作的平台。

二、成为创新型管理者

管理学大师彼得·德鲁克指出：企业家就是一群善于创新的人，创业精神本质上等同于创新精神。因此，进行数字化转型的企业的管理者必须具有创新精神。研究表明，一个具有创新精神的管理者具有五大能力，即质疑能力、观察能力、试验能力、建立人脉的能力和联想能力。

质疑能力让管理者能突破现状，思考新的可能性；观察能力让管理者能够捕捉用户、供应商和其他企业的行为细节，发现新的商业模式；试验能力让管理者能不断尝试，探索新的可能性；建立人脉的能力让管理者能结识不同的人，获得完全不同的视角。这四种能力是构成管理者联想能力的基础。联想能力能让管理者将新想法联系在一起，实现创新。

1. 质疑能力

质疑能力是提出好问题的能力，一个好问题往往会引发许多好答案。彼得·德鲁克认为：最重要、最艰难的工作从来不是找到对的答案，而是问出正确的问题。质疑能力会让管理者发现新的可能性，而这种可能性往往是创新的突破口。

2. 观察能力

具有创新精神的管理者善于从不同角度去观察世界，因此他们会对常见现象进行更加仔细审视，从而提出不同的商业创意。印度企业家拉坦·塔塔因看到一家四口人挤在一辆摩托车上，而产生了"生产全世界最便宜的汽车"的想法。经过多年研发，塔塔集团生产出了售价仅为 2500 美元的汽车 Nano，颠覆了印度的汽车市场。

3. 试验能力

具有创新精神的管理者会积极尝试新的想法。正如爱迪生所言：我并没有失败，我只是发现了 10000 种行不通的方式。管理者要敢于把整个世界当成他们的"实验室"，敢于积极试验脑海中浮现的新创意、好想法。

4. 建立人脉的能力

具有创新精神的管理者思想更开放，因此他们乐于结交不同的人，建立人脉，从而获取资源、提升企业知名度。

5. 联想能力

联想能力是把一些看似无关的问题关联起来的能力，是创新型管理者应该具备的核心能力。RIM（移动研究公司）的创始人麦克·拉扎里迪斯曾表示，黑莓手机的灵感来自他于 1987 年参加过的一次会议。当时一位发言者描述了为可口可乐设计的无线数据系统，可以让自动售货机自主发出补货信号。于是麦克·拉扎里迪斯想到了将无线技术和计算机整合起来。

乔布斯也是一个具有强大联想能力的人，例如，iPad 就是一个通过联想诞生的产品。乔布斯先研发了一个大容量的随身听 iPod，然后加上了多点触控技术，iPod 就变成了 iPod touch。给 iPod touch 加上通信功能，就是 iPhone。将 iPod touch 的屏幕变大，就是 iPad。

创新思维并不是与生俱来的，它需要在实践中不断锻炼和强化。管理者要坚持与别人想的事不一样、做的事不一样，不断激活、强化"创新 DNA"，只有这样才能提升自己的创新能力，从而帮助企业找到更有效的创新方法。

三、明确企业愿景、使命、价值观

随着企业数字化转型的推进，企业中精通数字化技术的人才越来越多。这些人才对企业的期望不仅是更大的灵活性、更高的薪酬和更好的工作环境，还有尊重自己想法的管理者。这意味着企业管理者需要改变自己行使权力、管理员工的方式，用数字化思维明确并重塑企业的愿景、使命、价值观，帮助企业明确数字化转型的蓝图、责任和实施方式。愿景是企业的理想抱负，是企业发展的方向；使命是企业的责任，是通往愿景的路径；价值观是基于共同的愿景和使命，对未来所持的思维方式和观念。

1. 明确数字化转型的愿景

愿景是企业未来的目标，指引企业前进的方向。缺乏数字化转型的愿景会导致企业的数字化转型方向不明确，无法预测企业的数字化转型成效。对此，管理者可以从两方面着手，确立企业数字化转型的愿景。

（1）站在未来看现在。当今世界，新一代数字化技术成为企业发展的驱动力，企业生产方式、管理方式都在发生根本性变革。可以预见的是，在未来10年至20年，数字化技术将彻底改变企业的生存环境和运营体系。因此，管理者应着眼未来的企业形态，为企业设计数字化转型愿景。

（2）立足现在看未来。数字化转型是一个长期过程，管理者应在仔细评估企业发展状况的基础上，发挥企业自身资源优势，结合行业发展趋势及整个行业的数字化进程，确立数字化转型的愿景，形成一幅相对准确的未来蓝图。

2. 确立数字化转型的使命

确立数字化转型的使命可以促使企业各部门明确自己的责任。管理者可以从企业内部、外部两个视角确立数字化转型的使命。

（1）企业内部视角。企业内部数字化转型的使命是用数字化技术解决企业内部存在的问题，形成具有自身特色的数字化管理模式，用数据驱动决策，用数据驱动业务。

（2）企业外部视角。管理者应认真分析用户、供应商、服务商在企业数字化转型中扮演的角色，明确其需求，从而建立数据互通、开放共享、灵活交互的数字化生态等。

3. 树立数字化转型的价值观

只有拥有正确的价值观，企业数字化转型的思路才是正确的。如果企业不能树立正确的数字化转型价值观，就可能在社会道德层面犯错误，造成不可挽回的损失。企业可以从以下几个方面入手树立正确的数字化转型价值观。

（1）技术向善。随着互联网、大数据、人工智能等技术的广泛应用，技术对用户的影响越来越大。企业应该有强烈的责任感，将技术向善作为企业的价值观。

（2）以用户为中心。用户既是企业生存发展的基础，也是数字化转型的出发点和落脚点。以用户为中心的价值观要求企业注重用户的体验、需求，并以此来指导企业的数字化转型工作。

（3）肩负社会责任。如今，企业与社会、公共服务之间的边界被打破，企业成为社会活动的重要主体。因此，企业在享受各种便利的同时，要肩负社会责任。这是企业数字化转型的重要义务。

第三节　变革规模化组织

变革是企业生存和发展的推动力，企业只有重视变革工作，才可以提升竞争力，在激烈的竞争中立于不败之地。鉴于敏捷组织在数字化时代的价值和重要性，企业的变革不能缺少组织变革。这就要求企业将组织变革提升到战略层面，加快建设规模化组织。

一、组织变革重塑竞争力

企业要想实现数字化转型，必须从根本上进行组织变革，搭建敏捷架构。2020 年，受疫情影响，很多企业的线下业务被按下了暂停键，而一些较早开始进行数字化转型的企业则及时完成了组织变革，以自身的数字化优势及时止损。

企业进行组织变革，需要敏捷地响应前端的用户需求。例如，为了参加"双 11"促销活动，企业集中力量满足一时的需求，但活动过后，整个供应链会被闲置，这种闲置会产生巨大的浪费。但如果是开放型组织，企业就可以通过整合社会资源来满足临时的高需求，等活动结束后再让资源回归社会，从而做到节约资源。

为了适应组织的开放性需求，生态型组织兴起。生态型组织是一种开放的组织模式，每个人都是生态体系中的一员，都在为这个生态体系的发展贡献自己的力量。

例如，滴滴出行平台就是一个生态型组织。在这个平台上，专车、快车司机构成了一个组织，都为平台提供服务，为平台"代言"。但他们与平台之间不是雇用关系，而是合约关系。司机进入组织后，会签署一份协议，其中包括市场规则、法律规则、伦理道德等条款。组织内会有竞争，但更多的是合作，这类似于创造了一个大环境，只有大家共同维护这个环境，才能共同发展，否则就可能破坏这个生态体系。

生态型组织需要一个运营商。在滴滴出行平台中，总部是运营商，负责制定规则和标准，对生态型组织内部的活动进行监控，并收取服务费用于生态型组织的发展。生态型组织超越了传统企业的定义，它更加开放，可以提供多种服务，是未来组织发展的趋势。

二、黏合敏捷组织，营造内部创业氛围

很多人理解的内部创业是员工发掘项目，企业提供资源、渠道，将雇人工作的模式转变为和员工一起"打天下"。实际上，很多企业通过内部创业的方式盘活了企业资源，在内部建立了敏捷组织，使企业实现了从重资产向轻资产的转变。内部创业的优点主要有以下三个。

1. 小成本试错

京东曾经设立了一个众创学院，将其作为内部创业孵化器。京东认为现在的世界充满了不确定性，3个月前对市场做出的判断，现在可能已经发生变化了。因此，企业的发展步伐不需要那么大，而是要小步快跑。很多企业推行内部创业，主要目的是用小成本去试错，看

看自己的设想是否能顺利落地。例如，很多互联网企业投资元宇宙项目，主要不是为了盈利，而是给未来业务的开展做一些准备，试探某项目的可行性。

2. 刺激组织活性

Supercell Oy（超级细胞）是一家发展速度非常快的移动游戏企业。这家企业只有200多个员工，但利润超过10亿美元。在该企业内部，5个人就可以组成1个项目团队，各团队独立运作，能快速试错和调整。而企业则负责为各团队提供资金、流量等支持，其他方面完全不用费心管理。

内部创业主要是为了刺激组织活性，将员工的潜力充分激发出来。1个高质量的人才拿2倍的工资，完成3个人的工作量，对企业来说，员工的工作效率有所提高，运营成本有所降低；对员工个人来说，人际关系更简单，且薪酬有所提高。这样的企业会产出越来越多的优质成果。

3. 建立创新生态

在美国，企业的内部创业其实是和大学、投资机构合作，构建内外协同的创业生态。如果员工有创业想法，企业可能会派他去大学兼职，了解该领域的前沿动态。将企业的利益诉求、员工的创业想法、市场的需求结合在一起，指引企业未来的发展方向。

真正有效的内部创业并不是企业独自闭关研究，而是主动融入一个创新生态。例如，华为在年收入五六十亿元的时候就敢于拿出约10亿元筹建华为大学，培养人才。在流程管理上，华为与IBM合作，仅咨询费就投入了20亿元。通过改进流程，华为建立了研发、供应链、人力资源等诸多体系。

创业是做未来的生意，但其背后一定要有成熟的体系作为支撑。

企业管理者要明白，一切都是精心规划的结果，几乎没有"天上掉馅饼"的好事。即使未来的市场不确定性很强，有一套优秀的组织模式背书，企业也不会发展得太差。

三、数禾科技：MOB 模式提升运营效率

在数禾科技成立 5 周年时，CEO 徐志刚在周年庆典上表示：未来，数禾科技将继续深化数字化转型来实现企业自我革命，实现经营效率再提升。徐志刚还表示，深化数字化转型并不是要重新造轮子，而是要以开放的观念、视野，站在行业高度，探索自身差异化发展路径，以领先的技术和系统，实现企业整体运营效能提升。

从十几人的小团队发展为近千人的大企业，数禾科技仅用了 5 年。在发展的过程中，数禾科技不断夯实自身的技术基础，与 30 余家金融机构建立了深度合作关系，旗下的"还呗"App 注册用户已超千万，累计交易金额突破 1000 亿元。

从零发展到行业领先，数禾科技对多年积累的运营经验与技术基础按照 MOB 模式进行了梳理。其中，M（Managerial System）指管理系统，它帮助数禾科技实现了绩效评价、资源配置等财务工作的数字化转型；O（Operation System）指运行系统，它帮助数禾科技提高了资方与用户之间的匹配通过率；B（Business System）指商业系统，它帮助数禾科技优化了资信、维度表等标签的计算方法。

徐志刚表示：单独模块的数字化赋能是 1.0 版本，已成完成时，而深度数字化转型的数禾 2.0 版本，至少拥有两层内涵，一是要横向增强，即提升并强化技术应用，二是要纵向打通，即全系统数字化统一、智能化运营。

随着技术的持续发展，互联网企业纷纷夯实自身的技术基础。

MOB 模式有效地提升了企业运营过程中的数据使用效率，为企业进行资源配置、产品设计、用户延伸等工作提供了数据支持。此外，MOB 模式帮助数禾科技的合作伙伴提升了工作质量，使其获得更高的合作回报率，更好满足了经济市场的需求和社会发展的要求。

第十一章　高效协作的数字化管理

数字化技术为人们提供了便利，也使得企业在降低成本的同时提高了效率。为了顺应数字化时代的潮流，很多企业放弃了传统管理模式，开始运用数字化管理模式。那么，企业应该如何做好数字化管理呢？本章就针对这一问题进行详细论述。

第一节　如何考核团队

优秀的团队需要制订明确的以结果为导向的考核方案，从而直接地体现管理的有效程度。但在对团队进行考核之前，管理者应该先明确一些问题，如选择什么考核方式、如何分别对团队和个人进行考核等。尤其在数字化转型阶段，管理者更应该注意这些问题，并针对这些问题提出科学、合理的解决方案。

一、选择适当的考核方式

传统考核方式以绩效考核为主。绩效考核是指团队在既定的战略目标下，设立特定的标准和指标，对团队的工作质量以及取得的工作业绩进行评估，并根据评估的结果对团队以及员工个人将来的工作行为和工作业绩进行正面引导的方法和手段。

一般来说，绩效考核的方式有两种。

1. KPI 考核

KPI（Key Performance Indicator）即关键绩效指标，指通过对团队内部业务流程的输入端和输出端的关键参数进行设置，获取任务相关的数据样本，并通过相应的数字化技术进行测量和分析，最终得到有价值的成果。它是一种衡量业务流程绩效的目标式量化管理指标，将团队的战略目标拆分为可操作的工作目标，是团队绩效管理的基础。

KPI 考核适用于管理体系较为成熟的团队。在该类型团队中，成员大多已经度过了新手期和磨合期，可以高效完成任务。因为 KPI 考核更加倾向引入定量化的指标，所以并不适用于一些弹性因素较多的岗位。团队的整体考核和员工的个人考核可以采用 KPI 考核的方式，但也要考虑到个别岗位的实际情况。

负责进行 KPI 考核的人员主要是团队的管理者，如部门主管。管理者要明确团队成员的业绩衡量指标，建立切实可行的 KPI 考核体系。这是做好考核的关键。KPI 指标是衡量团队成员工作绩效的量化指标，是团队绩效管理的重要组成部分。

2. OKR 考核

OKR（Objectives and Key Result）即目标与关键成果。OKR 考核的主要目的是明确企业与团队的目标以及明确衡量目标达成情况的关键点。从严格意义上说，OKR 是一套定义和跟踪重点目标，确定其完成情况的管理工具和方法。它以工作产出为导向，而不是以工作过程为导向，简单来说就是 OKR 更关注工作的成果而非过程。

OKR 要求企业、团队以及员工不仅设置目标，而且明确如何完成目标、怎样才算完成目标。OKR 考核适用于执行长期工作任务的团队，因为其可以将长期的大目标拆分为多个阶段性的小目标。在每个阶段性小目标完成时，团队可以召开研讨会，总结经验与教训，使后续工作能按照正确的方向继续推进。

同时，由于 OKR 为每位员工都提供了通用、公开的问责制基础，无论员工的工作重点是什么，其执行的所有工作均有可衡量的目标。这些可衡量的目标在团队内部以及企业内部都是公开透明的，并且与企业的总体目标保持一致。

二、团队考核内容

传统的度量指标，如收益、工作时长等都不足以作为团队考核的指标。而且团队考核的度量标准不是固定不变的，而是要根据团队所处的发展阶段和外部环境及时进行调整。

团队考核主要有两项内容。一是看每次迭代优化后的产品是否被用户或者市场接受。团队需要保证每次迭代优化后的产品都是质量过关的产品，可以通过产品测试、团队使用、团队评估等检验。二是看每次迭代优化后的产品的生产率是否呈现增长的趋势。这主要是通过团队评估来检测开发架构是否合理，后期在此基础上进行扩展和修改是否容易，目的是减少后期迭代优化的成本。

迭代优化后的产品的生产率是否增长取决于团队在单位时间内产出了多少有价值的功能点，而不是单纯堆砌一堆毫无意义的代码。团队考核并非以量取胜，因为在实际项目中有很多方法可以帮助团队产出更多功能点，如提升团队的技术水平、培养团队成员之间的协作关系、引入先进的生产设备等。

不管是在传统团队还是敏捷团队中，工作质量都是必不可少的考核指标。质量考核的有效指标之一就是故障的数量。提升质量的方法有很多，如提升测试人员的专业技能、制定更加明晰的规范标准、提高自动化测试的覆盖率、引进先进的测试设备等。

任务完成周期和团队成员满意度也可以被列入团队考核的内容。任务完成周期越短，完成质量越好，证明团队的整体水平越高。而团队成员满意度是衡量该团队是否真正做到柔性管理的标准之一。

其余的一些指标，如迭代改进幅度、团队成长速度等均难以量化，因此很难进行考核。

三、个人考核内容

在团队中，员工是非常重要的。虽然员工都会接受专业知识和技能培训，但是由于个人素质、工作经验等方面的不同，员工在工作中所展现出来的实力会有一定的差距。在柔性管理战略下，企业对员工的考核应当从多个方面入手。

1. 工作质量

考核工作质量的目的是使每位团队成员都能够保证自己所负责工作的交付质量，进而确保整个团队的产出质量。考核的办法主要是检测产品的故障数量以及故障的严重程度。一些不可控的因素会导致产品出现故障，在工作质量考核中可以酌情降低其权重甚至忽略不计。

2. 工作量

考核工作量的目的是将每位团队成员对产品的贡献程度进行汇总，确保日后在给予员工激励时能公平、公正。考核的主要方法是统计员工个人完成的功能点数量以及在团队任务中所承担的技术点的难度。简单任务和复杂任务的工作量衡量标准应该有所差别。

3. 主动性

考核主动性的目的是引导员工在团队中主动和他人交流沟通，提高团队整体的协作性，进而提升整个团队的工作效率。考核的主要方法是团队评估，可以采取匿名评估的方式，让团队成员写下对考察对象的建议或者意见，管理者可以在日后的观察中核实这些情况。

4. 乐于助人

考核员工是否乐于助人的目的是引导员工主动帮助团队的其他成员，共同对产品的交付质量负责，避免出现团队内部员工各自为政的情况。考核的方法主要是团队评估以及管理者在日常工作中的观察，最后对考核对象进行综合评价。

5. 自身成长

考核自身成长的目的是促使团队中的每个人都能够不断提升自己，而不是原地踏步。只有员工主动提升自己，团队才有提升的可能性。企业可以将考核的结果量化，例如，可以将考核的结果划分为"优、良、及格、差、不及格"五个等级，同时要确定每个等级的分数区间。

对员工个人的考核，考核对象是员工，而进行考核的主体是管理者以及团队其他成员。需要注意的是，负责考核的人对员工个人的考核成绩负有保密义务。企业的最高管理者应当对负责员工考核的人进行监督，防止考核中出现误会和不公平的现象。考核还会伴随着奖惩措施，考核结果与奖金分配、提薪幅度等息息相关，可以最大限度地激发员工的工作热情和积极性。

第二节 OKR 赋能团队管理

OKR 由英特尔公司创始人安迪·葛洛夫（Andy Grove）发明，起初在国外得到了广泛应用。后来随着 OKR 越来越成熟，国内的很多企业都在使用该方法，希望该方法可以很好地赋能团队管理。而且，因为处于数字化转型期的企业需要通过加强团队管理来稳定秩序、激发员工活力，所以其更离不开 OKR 的助力。

一、OKR 更受新时代员工欢迎

OKR 打破了以往从上到下分配目标的方法，强调上下双向地制定目标。它给组织带来的最大价值是上下一致，左右对齐，自我驱动。OKR 的管理理念得到了越来越多企业的认可，互联网行业的头部企业纷纷开始应用 OKR。字节跳动就是其中的代表之一。

字节跳动旗下的产品和业务快速扩张，在短视频领域取得了让互联网界为之震惊的成绩。字节跳动可以发展得如此迅速与其数字化转型战略和 OKR 的应用紧密相关。

在字节跳动，OKR 可以记录员工的工作情况，并向所有人公开，普通员工也可以查看总裁的 OKR。员工的工作内容与工作目标都是公开、透明的，管理层的管理工作进行得非常顺利。字节跳动创始人张一鸣希望企业能拥有的最核心的文化就是透明。透明的企业文化能够给予员工期望与归属感，这和过去封闭的、信息不对称的管理方式大相径庭。

OKR 除了可以充分激发员工的潜力和价值，还有很多其他方面的优势。

1. 提高员工的参与度

OKR 是激励员工的有效方法之一，可以使员工的工作变得公开、透明，从而增强员工的幸福感，提升员工的工作效率与忠诚度。不仅如此，OKR 还能有效缓解员工的压力，创造更轻松的工作氛围，员工可以畅所欲言，提高自身的参与度。

2. 确保方向和行动一致

利用 OKR 进行管理不仅能够让员工明确企业的战略、发展目标、愿景等，还能帮助其理解自己在团队中扮演的角色。如此一来，员工在工作时会更积极、主动，协作与决策能力也会更强。如果员工之间、部门之间的 OKR 进度以及评分都是公开、透明的，就可以确保所有人的努力方向和行动是一致的，从而节省很多沟通的时间，更高效地解决问题。

正所谓"得人心者得天下"，OKR 会将一些不涉及机密的信息公开，使企业的管理工作更透明，使员工更信任企业，更有归属感和主人翁意识。企业和员工就像鱼和水一样，二者相辅相成，企业的良好发展与员工的努力是分不开的。因此，企业应该利用 OKR 对员工进行管理，创造积极、健康的工作氛围，使企业上下团结一致，最大限度地提升经营效益。

二、转型企业需要 OKR

对于进行数字化转型的企业来说，引进 OKR 不仅有助于完善组织架构，提升企业的创新能力，还有助于企业形成相对稳定、科学的管理体系。

OKR 可以基于转型企业的组织架构，帮助各部门分工协作，合理划分决策权。这样既能够保证组织内部信息传递的效率和真实性，使决策被高效执行，又能够使部门间职责明确，避免企业内耗导致资源浪费。

OKR 能变革转型企业的组织结构，发挥组织的协同效应，最大限度地释放企业的能量，最终达到"1＋1＞2"的运营效果。此外，OKR 打破了企业各部门之间的界限，简化不必要的部门和职能，使员工与部门的工作直接聚焦于企业总体目标。

在转型企业引进 OKR 后，各部门的职责将逐渐淡化，员工会将完成企业总体目标作为自己的目标。

OKR 能完善转型企业的组织架构。转型企业可以利用 OKR 精简组织架构，明确各个岗位的工作职责，充分发挥员工的个人能力。同时，更加灵活的组织架构能使转型企业更快速适应外界环境的变化，这样企业就可以抓住机遇并迅速做出反应，进一步提升产品与技术的创新效率，从而增强自身核心竞争力。

三、如何实施 OKR

企业全面推行 OKR 是一个漫长的过程，需要全员进行多次交流、总结与复盘。只有全员达成一致意见，OKR 才能真正在企业中落地。

1. 高层管理者带头落实 OKR

企业的高层管理者是顺利推行 OKR 的关键人物。在制订 OKR 实施计划之前，管理者要考虑清楚 OKR 是否适合自己的企业，以及如何通过 OKR 获益。如果管理者犹豫不定，那么员工也很难真正重视 OKR。

高层管理者就像汽车的发动机，只有发动机努力工作，汽车才能跑得快。因此，企业的高层管理者一定要带头落实 OKR。

OKR 不是一次性项目，而是一项长期的管理变革，它能帮助企业迎接各种业务变革的挑战。OKR 实施需要先制定高层管理者的 OKR，然后将组织内所有员工的 OKR 与高层管理者的 OKR 对齐，最后建立一个固定的汇报流程确保其能服务于组织运营。这一切工作都离不开高层管理者的领导和带动，只有他们坚定地推行 OKR，企业才能突破重重阻碍，完成变革。

2. 企业内部达成共识

在制定 OKR 前，企业需要对员工进行基本原理培训，让大家理解 OKR 并达成共识。培训会让 OKR 更顺利地在企业中推行，帮助员工有效地、战略性地制定自己的 OKR。

在实施 OKR 前，企业管理者需要告诉员工企业为什么要实施 OKR，为什么 OKR 是适合企业的工具，并讲明实施 OKR 的好处。没有一个清晰的理由支撑，OKR 只会成为昙花一现的变革提案，员工并不会重视它。

在对员工进行 OKR 培训时，企业管理者需要识别 OKR 核心信息，让员工了解 OKR 的重要性。网络上关于 OKR 的信息是纷繁复杂的，有正确的信息也有错误的信息。为了使员工对 OKR 的认知正确，避免其受错误信息误导，企业管理者需要在培训时对错误的信息进行过滤，确保将正确的 OKR 信息传递给员工。

3. 上下级双向沟通

在 OKR 实施的过程中，上下级双向沟通是保证 OKR 能够顺利推进的关键。上下级双向沟通主要指企业上下级根据 OKR 的完成情况以及 OKR 所反映出来的问题进行合理沟通。

上下级双向沟通能够使 OKR 更加顺利实施。一方面，管理者可以在沟通中了解员工的工作进度、工作状态，能够对 OKR 的实施进度有清晰把控，也可以及时发现员工工作中的问题并对其进行指导。同时，管理者可以在沟通中了解员工对于工作的意见想法，以便及时对 OKR 的不合理之处进行调整。

另一方面，员工可以在沟通中了解管理者对自己工作的反馈。如果管理者对员工工作的某方面不满，员工可以根据管理者的指导及时改进工作；如果管理者对员工的工作进行褒奖，也会使员工获得鼓励，从而激发其工作的积极性。

上下级双向沟通可以使企业管理者的决策在员工的建议与不断反馈中变得更加合理。同时，企业管理者加强与员工之间的沟通会提高双方的亲密度，有利于企业管理者树立威信。

4. 实施过程公开透明

OKR 的顺利实施还有一个关键，就是实施过程要公开透明。公开透明的 OKR 实施过程能够让员工对企业的 OKR 有清楚认识，能够更好将个人 OKR 与企业 OKR 结合，使二者的联系更为紧密，有助于企业目标顺利达成。

OKR 的评分规则和评估结果的透明度会影响员工对企业的认识。因此，企业各层级的 OKR 都要公开，这样既能有效防止各层级管理者滥用权力，又能强化员工的自我约束意识。在实施 OKR 的过程中，员工的主人翁意识和责任感会得到增强，从而激发其工作的积极性和创新精神。

那么，如何实现 OKR 实施过程的公开、透明？这需要企业管理者做到两点：一是企业管理者对 OKR 的管理要公开、透明；二是 OKR 的目标、关键成果、进度及评估结果要透明。

一方面，企业管理者要制定完善、公开的 OKR 管理制度。在该制度中，企业管理者需要明确 OKR 的实施周期，企业、部门及员工的目标、关键成果。同时，该制度要规定好每一项目标被完成到何种程度，对应的部门或员工可以得到什么奖励，奖励可以根据目标的完成程度进行阶梯式设置。

另一方面，企业管理者可以通过内部共享工具或 OKR 系统实现目标、关键成果、进度及评估结果的公开，确保每位员工都可以看到其他人的 OKR 信息。

OKR 实施过程的公开、透明能够让企业管理者清楚看到各层级 OKR 的进度，以便企业管理者能够及时发现并解决 OKR 实施过程中存在的问题。

同时，OKR 实施过程公开、透明能够让员工清楚地看到个人目标、团队目标及企业目标的进度，进度的加快能够让员工产生更多的成就感和自豪感。

第三节　数字化时代的办公与出差管理

员工困在复杂的工作里，无法与同事协同办公，导致效率难以提升；财务人员看着发票苦恼不已，审批无从下手；出差成本难控制，财务压力大……这些是企业普遍面临的办公与出差难题。而随着数字化时代的来临，这些难题似乎有了很好的解决方案。

一、数字化办公空间

随着人工智能、物联网等技术的发展，低成本、高效率逐渐成为企业管理的目标。传统的办公方式效率低，各部门协同工作的效率与成本会直接对企业的盈利能力产生影响。为了提升办公效率，许多企业都加强了办公空间的数字化建设。数字化办公空间的优势如下。

1. 提升运营、维护等工作的效率

在实现了办公空间数字化之后，运营、维护等相关工作可以直接在数据中心完成，这将大幅减少员工的工作量，1 个维护人员可以轻松完成 3 个维护人员的工作量，大幅降低整体运营成本。

2. 提升办公空间的可移动性

传统的办公空间是固定的，而数字化办公空间让移动办公成为可

能。员工可以在有网络的任意地方进入办公空间，这将极大地提升员工的工作效率与工作灵活性。

3. 提升数据文件的安全性

数字化的办公空间将所有数据存储在数据中心，员工可以利用任意设备调用数据，但他们使用的移动终端只作为显示设备，不会保存与删改数据，这样可以保证企业数据不会被泄露或非法篡改，保障了数据文件的安全。

4. 增强办公文件的数据恢复能力

数据存储在云服务器中，能有效避免非法入侵、电路连接不稳定、磁盘损坏等突发事件引发的数据丢失风险。即使突发事件导致大量的数据被损坏，企业也可以重新调用数据，迅速恢复到事件发生前的状态。

数字化办公空间将改变人们对办公的认知，推动企业的自动化、智能化、数字化发展。时代在进步，数字化会慢慢进入人们工作与生活的方方面面，持续为人们提供便利。

二、出差管理要适应数字化转型

疫情的出现对经济形势带来了冲击，越来越多企业认识到了成本管控的重要性。作为可控成本之一，出差成本非常值得企业关注。许多企业借助数字化转型的浪潮对现有的出差模式进行了改革。

1. 通过"寄存账户"掌握出行数据

企业可以为员工设置统一的"寄存账户"，在这个账户中记录员工的出差流程和出行数据，并将这些数据导入出差管理平台，这样就可以对员工的出差行为进行更好管理。对于企业来说，这是一个值得尝试的出差管理思路。

"寄存账户"即企业借助第三方平台为出差的员工设置的支付账户，出差的员工可以利用这个账户支付出差费用。在建立"寄存账户"后，企业的出差管理效率得到了提升，先进的数字化技术与庞大的数据库使出差管理更公开、更透明。

"寄存账户"为企业进行出差管理提供了数据支持。过于分散的数据会对企业制订出差方案产生影响，"寄存账户"则可以对碎片化的数据进行整合，将所有出差的支出整合在一份账单中。企业可以利用数据对各个供应商进行比较，有效降低出差成本。管理者可以利用"寄存账户"了解每位员工的行程开销、舱位级别等信息，公开、透明的出差数据最大限度地降低了企业对现有出差方案进行优化的难度。

2. 简化员工的报销流程

员工每一次出差都会产生大量行程单、酒店发票、车票等报销单据，财务人员则需要对这些单据进行填报与审核，并对每一笔支出的真实性、规范性进行核验。票据出现问题时，财务人员还需要与出差的员工反复沟通。这些琐碎的工作很容易消磨财务人员的工作热情。

企业可以建立出差管理系统，简化员工的报销流程，把财务人员从机械的工作中解放出来。对账工作可由出差管理系统自动完成，员工不用直接参与报销工作，这也避免了拖延报账的情况出现，使财务人员将时间与精力用于更有价值的工作上。

在建立出差管理系统后，服务商会按时向企业发送每月的支出账单，这极大地减少了财务人员的工作量。此外，企业可以更高效对员工的出差数据进行采集、处理。出差管理系统可以对订单、发票、账单等进行实时记录，所有数据都可直接被调取，从而推进财务部门的管理变革。

自动化、无纸化的报销流程可以节省报销时间，帮助企业实现财务工作的一体化管控，显著提升企业的运营效率，进一步推动企业的数字化转型进程。

三、ICT 基础设施

ICT（信息与通信技术）基础设施具备信息高度共享、宽带无处不在、敏捷灵动这三个基本特征。ICT 基础设施可以为企业打造创新高效、融合开放、易于管理的"信息通路"。

对于企业而言，数字化转型的关键在于如何利用数字化工具使业务的完成效率更高、企业的运营成本更低、企业的成长速度更快。因此，企业需要借助效率高、门槛低、云端化的数字化基础设施来提高自身生产力，而 ICT 基础设施能够满足企业的需求。

以微软 Office 365 为例，员工在出差时需要通过移动设备协同办公，Office 365 整合 Mac、Windows、iOS、Android 等多个系统，形成了统一的协同工作平台。在举行会议时，Office 365 可以对屏幕上的图片进行快速转存，并提取图片中的文字，极大地提升了参会人员的办公效率。

不仅如此，Office 365 还拥有完善的云平台服务，可以为员工提供企业级电子邮件、在线会议等多种线上服务，帮助企业优化现有的审批流程，快速形成数字化工作模式，提升员工的协同工作能力。这也意味着员工可以在任意时间、任意地点，使用任意设备开展工作。

Office 365 还能解决企业的办公安全问题。例如，在办公过程中，员工可以将文件直接传输到 Office 365 自带的云空间中，这样当那些存储在本地的文件出现异常时，员工可以借助云端备份进行恢复。

此外，企业可以根据自身需求订阅 Office 365 的云服务，并随时对授权数量进行更改。所有维护工作都由 Office 365 的服务团队负责，这大幅降低企业进行业务维护的技术难度，节省前期的搭建成本与后期的运维成本。

ICT 基础设施的建设是一个庞大的工程，企业应该将打造 ICT 基础设施作为提升办公效率的主要着力点，从而增加企业的盈利增长点。

四、金山办公：推出数字化转型利器

在 2021 年举办的金山数字办公大会上，金山办公重磅推出了一款针对大型组织数字化转型的平台产品——金山数字办公平台，并发布了金山协作软件、轻维表和金山知识库三款产品。

金山办公副总裁认为，理想的办公数字化平台应当是文档、事、人的全面数字化：内容的创作应该是轻松和多元的；沟通协调应该是即时和无障碍的；内部各个系统需要保持开放和融合；信息安全需要全生命周期管理。同时，平台要贴合业务变化，更重要的是可以赋能应用。

文档在大型企业或组织的日常协作中发挥着重要的作用。如何利用文档的功能进行协作、讨论、安全管控，是提高组织工作效率的关键。

金山办公发布的协作软件整合了多项功能，包括即时通信、文档协作、应用中心、组织架构四大功能，而且支持成员进行文档会话。

金山办公发布的轻维表是一款在线协作表格，是专门为多人协作场景设计的，可以实现多人实时在线编辑表格，支持快速创建轻量化应用。轻维表解决了传统表格对协作人员数量的限制以及对任务的监控程度较弱的问题。

金山知识库是面向企业和员工的全新知识管理工具。它使用起来十分简单，具有知识分享功能，支持构建多重知识空间。用户可以在金山知识库应用中心自由添加组件、设置应用权限。

　　基于这三款新产品的成功研发，金山办公拥有了多位一体的综合数字化办公能力，覆盖数字化办公的全生命周期，能够助力大型组织实现数字化转型。

第十二章　建设数字型企业文化

20 世纪 70 年代，一些管理学家开始系统地研究员工忠诚度管理的问题，发现成功的企业往往更注重员工的忠诚度，而且喜欢在内部塑造一种将物质因素与精神因素融合在一起的文化。基于这一研究成果，很多企业纷纷效仿，逐渐形成了一股建设企业文化的热潮。到了数字化时代，这股热潮依然没有消退，很多企业都积极进行文化升级与创新，致力于建设数字型企业文化。

第一节　企业文化影响转型进程

建设数字型企业文化是让企业更有活力、更稳定、更团结的重要途径，核心是通过企业文化让员工对企业更忠诚。但有时企业文化变革可能会影响企业数字化转型进程。为了避免这种情况发生，企业要注意以下内容。

一、精神需求不可忽视

随着经济发展，人们在物质方面越来越富足，人们的精神需求日益增长。这一点体现在工作上就是越来越多的求职者不再只为钱工作，而是更关心自己的职业发展和自我价值能否最大化。

在找工作的时候，求职者不仅看重企业为其提供的薪酬，还会关注企业的文化，如愿景、使命、价值观等。有的求职者甚至会在薪酬不符合预期的情况下，因为与企业价值观契合而选择入职，并且对工作充满热情、对企业更加忠诚。事实上，愿景、使命、价值观是一家企业的灵魂所在。

企业的愿景是企业的未来蓝图，是企业发展的最终目的。它告诉企业"去何处"。《基业长青》作者柯林斯指出，一个企业从优秀到卓越，最重要的标志是能提出超乎利润之上的终极追求。这份终极追求就是愿景。

例如，华为的愿景中有"构建万物互联的智能世界"，体现了其发展战略和发展方向，与数字化时代人们的生活需求不谋而合。

企业的使命是企业为了达到愿景要坚持做的事情。它是企业赖以生存的核心。企业的使命决定企业应该做什么，能激发执行团队的热情和动力，一旦缺乏使命，团队就容易原地踏步，失去活力和生命力。

小米的使命是"始终坚持做感动人心、价格厚道的好产品，让全球每个人都能享受科技带来的美好生活"。围绕着这一使命，小米的产品版图从手机领域拓展到生活用品等领域。

企业的价值观是企业员工需要遵守的行为准则，是员工的行为底线，是无论员工处于何种境遇都要坚守的信仰。价值观告诉企业"怎么去"。

"正直、进取、协作、创造"是腾讯的价值观。在该价值观的指引下，腾讯不断地进行科技研发，将复杂的科技理论转化成简洁、高效的科技产品，并在这个过程中与时俱进、不断创新，开发了许多优质的 App。

丰厚的薪水、优渥的待遇对员工很有吸引力，但真正能够留住员工的其实是愿景、使命、价值观这些精神层面的东西。因此，企业应该了解文化的重要性，并积极建设独特的企业文化，使企业自下而上形成凝聚力与向心力。

二、对事物的重要性进行排序

在企业进行数字化转型的过程中，企业文化能够指导员工对事物的重要性进行排序。面对相同的问题，不同企业对问题重要性的评判标准不同，所持有的态度和采取的策略也天差地别。

美国一家企业的文化以创新为核心，因此该企业不扼杀员工的任何一种创新想法，充分尊重员工的选择，即使员工因为尝试创新犯错误，也不会过分责备。而某老牌酒店则坚守"顾客第一"的文化。在一次宴会上，由于服务员疏忽记错了某顾客的过敏食物种类，该顾客被紧急送往医院，该酒店在确认了顾客无生命危险后，随即开除了这名服务员，并第一时间向顾客道歉。

对于员工犯错这一问题，两家企业处理方式的差别如此之大，是因为两家企业所秉持的企业文化不同。企业文化会影响团队的战略决策。

员工对事物的重要性要有自己的判断和选择，而这种选择是无法评判对错的。员工的判断、选择是与企业当前所处环境相匹配的。企业当前所处环境通常有两种：一种是内部环境，包括企业文化、规模、发展状况、发展阶段等；另一种是外部环境，包括全球行情、行业前景等。受环境的影响，企业文化往往具有多样性。如果企业文化崇尚创新，那么员工就会把创新工作放在首位；如果企业文化崇尚严谨规范，那么员工就会把遵守规章制度放在首位。

三、跟着奈飞学习打造企业文化

优秀的企业文化不仅可以增强员工的凝聚力，还可以保障各项工作的质量和效率。但在打造企业文化的过程中，企业可能会遇到各种各样的难题，这就需要企业保持100%的信心，逐一解决这些难题。

奈飞是打造企业文化的佼佼者，因其独特的企业文化成为许多企业效仿的对象，《奈飞文化手册》累计访问量超过1500万次。对于奈飞而言，企业文化是除了业务流程、发展战略之外最核心的内容。在企业文化的指引下，奈飞打造出具有极强的数字化创新与内容生产能力的团队，企业的效益呈指数级增长。曾任奈飞首席人才官的帕蒂·麦考德将奈飞的企业文化总结为八大准则，如图12-1所示。

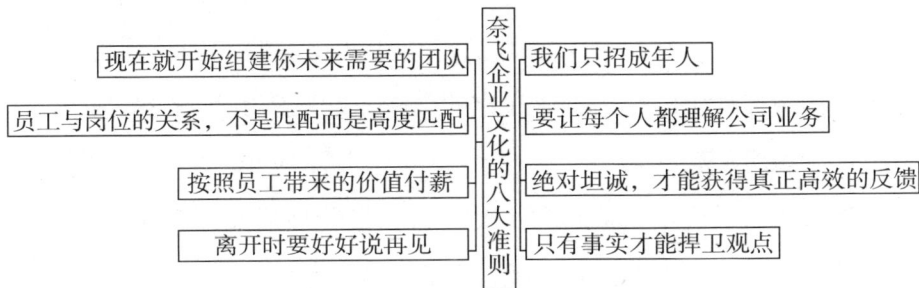

图12-1　奈飞企业文化的八大准则

打造企业文化不可能一蹴而就，在了解奈飞的企业文化后，我们可以将企业文化的打造总结为以下五个方面。

1. 提出企业文化理念

企业可以将企业文化理念看作旗帜，它会引领全体员工朝正确的方向奋勇前进。一般来说，企业文化理念不需要太长，最好是生动、短小的语句，这样可以更容易被记住。

2. 把企业文化编制成手册

企业可以将企业文化以手册的方式展现出来，并将其作为员工的行为纲领，以及开展各项工作的基本准则。如今，很多企业都通过手册将企业文化传递给员工，通过这种方式加深员工对企业文化理念的认知。

3. 创办企业内部刊物

为了让员工接受企业文化，企业可以将企业文化改编成故事，并将其装订成册，作为企业的内部刊物。内部刊物比手册更加生动、具体，可以更好弘扬企业的文化理念。

4. 定时举办培训宣讲会与文化活动

只有员工反复学习、企业反复对员工开展培训，员工才能对企业文化产生更强烈的认同感。企业可以举办各种各样的活动，如演讲比赛、辩论赛、文化心得分享会等，将企业文化高频次地传递给员工，让员工在潜移默化中受到企业文化的熏陶，在工作中践行企业文化。

5. 管理层示范

管理层的示范作用是非常重要的。如果管理层能在文化认同方面起到示范作用，员工也会自发地接受企业文化。

第二节　如何建设数字型企业文化

数字化转型会为企业的组织建设与团队管理带来颠覆性变革。为了适应这样的变革，企业需要对诸多方面做出调整，包括对企业文化做出调整。企业可以通过营造氛围、连通不同部门、与员工深入合作等方法建设数字型企业文化。

一、营造自由的企业氛围

在企业进行数字化转型的过程中，文化的演变是一种必然趋势。随着企业边界逐渐模糊、生态越来越开放，文化也要更加开放、自由，才能适应企业的新发展。

在经济全球化的背景下，文化多元化已经成为一种发展趋势。在这种发展趋势下，民族文化依然是文化的重要体现。在越来越开放、自由的数字化时代，企业不仅要吸纳外国的优秀文化为我所用，还要继承和发扬我国优秀的传统文化，从而将我国优秀的传统文化与先进的现代管理思想相结合，提升自身竞争力。

企业文化能够对员工起到凝聚、约束、激励和辐射的作用，建设企业文化的最终目标是使其长期服务于企业的经营战略。因此，企业文化建设必须围绕企业的发展目标进行。数字化转型作为各行各业的发展趋势，也能够指导企业文化建设。在数字化时代，打造开放、自由的企业文化势在必行。

没有一家企业的文化能够脱离大环境而存在，特别是在当今互联网快速发展、经济环境开放自由的背景下，企业需要思考外部环境的变化对企业文化的影响，将企业文化建设与未来发展趋势相结合，设计出符合企业数字化趋势的文化和管理方案，从而提升经营绩效，提高竞争力。

二、连通各部门，高效沟通

随着互联网思维引入各行各业，数据已经开始由信息资源转变为生产要素，成为支撑企业发展的重要基础。企业应该顺应数字经济发展的趋势，引进现代化的沟通与协作工具，推动企业内部数字化，将

"部门墙"打破，实现高效沟通。

那么，企业可以使用哪些现代化工具连通各部门呢？

1. 故事墙

故事墙通常分为计划、开发、测试、完成四个部分，适合产品研发部门使用。产品的每项需求以卡片形式进行展示，卡片的位置越高，代表该需求的优先级越高。通过对产品的需求进行梳理，整个项目的开发进度一目了然。

除了开发进度这种一目了然的信息，企业也可以通过故事墙了解一些隐性信息。例如，如果计划区的卡片较少，则说明产品的需求数量和更新速度出现问题，需要由产品策划部门进行补充；某项需求长期未被解决，则说明出现技术瓶颈，需要与相关部门进行沟通，明确是加大资源投入还是暂时放弃该需求。

2. 数据墙

数据墙适合产品运营部门使用，它可以将反映产品运营状态的参数展示出来，如日新增量、日活跃度等。运营部门也可以根据产品类型或产品所处阶段决定参数类型。

企业可以把参数、日期作为数据墙核心维度，绘制折线图表明参数的发展趋势，并绘制出目标量，以方便观察目标的完成情况。数据墙可以培养员工关注产品数据的习惯，并增强其数据分析能力。在运营过程中，企业也要将新发现的关键参数在数据墙上进行展示，并补充改版前后这些数据的表现，这样可以帮助企业更快地找到产品改进的突破点。

3. 邮件

因为邮件通常不会对对方造成过强的干扰，同时可以及时送达，所以非常适合用来共享需要引起重视的信息，如会议的资料及总结等。但邮件的提醒性较弱，因此在发送邮件后，发送人还需要通过即时通信工具提醒对方查阅。

企业可以给同种类型的邮件设置统一的主题、格式，这样员工就可以快速地将邮件归类，从而加快邮件处理速度。

4. 共享文件夹

共享文件夹适合存放那些占存储空间很大，或者不方便在线上进行修改的文件。这类文件并不常用，但在需要时又很难迅速传输，因此可以在共享文件夹中进行存档，方便随时调用。值得注意的是，员工只能在局域网范围内访问共享文件夹。

线下共享工具位置醒目、可视化程度较高，但需要专人进行维护，同时单次可共享的数据较少。线上共享工具则正好相反，共享数据较多，无须专门维护，但其可视化程度不高，需要员工主动查找数据。

在实际使用中，企业可以综合运用这些协作工具，降低数据共享的成本，从而推动数字化转型，全面提升各部门之间的沟通效率。

三、与员工发展合作关系

随着市场经济体制的确立，终身雇用制受到了一定影响，自由雇用制作为新事物出现在人们面前。所谓"自由雇用"是指员工有选择雇主的自由，雇主也可以自由解聘员工。自由雇用制的出现使人才开始在各大企业间流动，很少有人在一家企业工作一辈子，企业也不再保证会为员工提供一个长期稳定的职位。

综合来看，终身雇用制太过死板，不适合现在的宏观环境。然而，自由雇用制又导致员工忠诚度下降，企业人才容易流失。那么，有什么办法可以在自由雇用制的基础上，让员工和企业互相信任呢？

人才联盟是一个很好的解决办法。领英（LinkedIn）的创始人里德·霍夫曼提出了一个新的人才策略，即建立雇主与员工之间的互惠关系联盟。这种互惠关系联盟需要企业与员工双方把心理契约书面化。企业需要告诉员工："只要你让团队更有价值，团队就会让你更有价值。"员工需要告诉老板："如果团队帮我壮大事业，我就帮团队壮大事业。"这样，员工专注于帮助企业取得成功，而企业则注重提高员工价值，二者的关系越来越紧密。

某企业为了培养一个新员工付出了很多成本，但该员工在入职几个月后就离职了，这给企业带来了损失。如果企业因此减少培训预算，那么对员工的培训就不够深入，无法达到预期效果。最理想的方式就是企业和员工各自表明自己的预期，员工向企业表明自己想要获得的技能和对企业的承诺，企业向员工表明自己的培训成本和期望获得的回报，而人才联盟可以在其中发挥作用。

在我国，需要对人才联盟做一些本土化调整。企业虽然不是家庭，无须刻意营造一种家庭氛围，但成员之间的相互关心是有必要的，它能增强员工对企业的归属感。另外，企业可以和那些已经离开企业的员工像朋友一样保持联系，扩大人力资源网络，为企业储备社会资本。

如今，终身雇用制已经成为过去式，但企业和员工依然需要在合约期限内对彼此保持忠诚，因为如果没有忠诚，双方就无法建立起友好合作的关系，员工的价值就无法释放出来，企业也没有发展的推动力。

人才联盟能让双方注重中长期收益，从而保持稳定的合作关系，实现真正的双赢。

第三节　整合外部资源，构建新生态

很多企业已经意识到未来的市场竞争将是资源整合的竞争。因此，企业在建设数字型文化时，要以资源整合为重点，构建数字化新生态。

一、构建智能生态，多方协作

近几年，企业更注重提升自身的创新能力及智能化水平，以建立竞争优势。技术的迅猛发展使企业有机会更高效加快数字化转型进程。越来越多的企业加入数字化转型的队伍中，形成了一种顺应新时代的智能生态。这种智能生态可以轻松帮助企业实现多赢。

在形成智能生态后，企业不仅可以快速学习前沿知识，还可以借鉴其他企业的实践经验，最大限度地规避风险。同时，智能生态可以帮助企业清楚地认识自身的特点，从而缩短数字化转型的时间，降低试错成本。

冰冻三尺，非一日之寒。智能生态并不是短时间内能完成的事情，也不是在某一个行业内就能完成的事情，它需要各行各业多角度、全方位地进行协作。如果企业、公共服务平台、科研院所等能平等地展开协作，就可以在最短的时间内打造智能生态，实现多方共赢。

华商数据致力于帮助中小企业搭上新时代的列车，促进智能生态的形成。华商数据整合了企业的管理系统、销售平台、生产方案等多个模块，可以有效帮助企业进行内部管理，并通过数据交互促进企业各部门间的高效协同，推动企业生态化发展。在技术的支持下，华商数据专门针对中小企业的需求研发了管理系统华商云服。华商云服产业生态如图 12-2 所示。

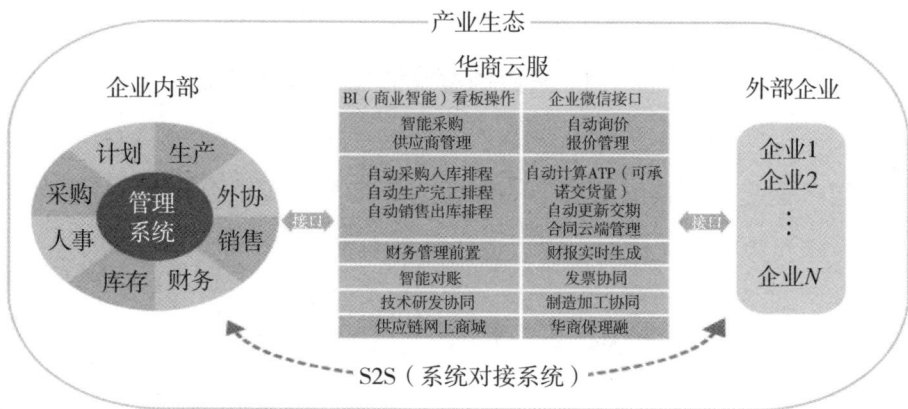

图 12 – 2　华商云服产业生态

华商云服集合了生产、销售、财务、库存、采购等多项需求，打破了企业内外部的壁垒，可以解决企业，尤其是中小企业技术落后、等待周期长、效果不明显等共性问题，帮助企业构建新型智能生态，实现多方位协同发展。

在智能生态成功建立后，企业的各项业务将实现连通与协同，并实现内部和外部资源整合，从而使企业能够更好规避数字化转型过程中可能出现的问题。

二、借助战略合作伙伴，合作共赢

企业的数字化转型速度过快，很可能导致业绩增长进入乏力期。这时企业就需要引入战略合作伙伴，充分利用其优势资源，与其共建智能生态，从而降低企业面临的风险，扩大企业的盈利增长空间，有效推进双方的数字化转型进程。

自轻住集团成立以来，其合作商家已覆盖 200 多个城市，开办了 3000 余家酒店。其创始人表示：集团与战略伙伴的合作不仅是一门生意，轻住集团以自身的品牌和运营优势与合作伙伴携手共进，帮助商家实现可持续发展。

2021 年 4 月，轻住集团宣布与多家企业达成战略合作，其中包括雷神科技、携住科技、小帅科技等多家能有效提升用户体验的智能服务型科技企业。此次合作将多种不同风格的品牌进行连接，提升了项目的用户适配性，全面拓宽了企业的增值渠道。

近年来，酒店行业积极推动产业结构升级，其用户群的消费行为从产品消费转变为场景消费。轻住集团尝试通过引入战略合作伙伴的方式，打造完善的数字化生态网络，实现共同发展。

在引入战略合作伙伴后，轻住集团在酒店运营、用户体验等多方面得到显著提升。随着合作的深入，轻住集团将充分发挥战略合作优势，持续提升品牌价值。

得益于和战略合作伙伴的友好合作，轻住集团市场扩张的速度也有了大幅度提升，快速实现了数字化转型。企业应该将合作伙伴视为数字化转型的战略基石，与合作伙伴共享发展红利、共建智能生态，在合作中寻求双赢。

三、菜鸟网络：以智能互联和同业协作为核心

借助大数据、云计算等智能技术，菜鸟网络科技有限公司（以下简称菜鸟网络）专注于提供物流网络平台服务以及高效协同的一体化业务流程，致力于构建全球性物流网络，以进一步提高物流行业水平，降低物流成本，提高商品流通周转速度，优化消费者体验。

智能互联和同业协作是菜鸟网络的发展核心。作为价值链共赢的生态中枢，菜鸟网络坚持打造智能驱动型以及高效协同型的智慧物流平台，以智能化服务提升物流效率。

目前，菜鸟网络承载了新零售态势下电商行业的大部分物流业务。凭借技术创新，菜鸟网络引领物流行业进行数字化转型升级。

菜鸟网络研发了无人仓储技术，大规模无人仓被投入实际运营中。菜鸟网络在多地部署了无人仓群。菜鸟网络通过自主研发的系统将这些无人仓群连接起来，实现对仓储环节物流链路全面把控。

菜鸟网络采用人工智能分单模式，有效解决传统分单模式可能出现的分拨层级多、人力消耗大、分拨时间长等问题。人工智能技术以及先进的机器学习技术，使菜鸟网络能够通过装配智能硬件设备与软件管理系统的自动化流水线实现智能分单。这不仅节省了大量人力、物力成本，还使分单效率大幅提升，使商品能够以最快的速度到达消费者手中。

在物流作业过程中，菜鸟网络运用了智能打包算法。该算法能够对商品的体积与外观进行快速计算，在打包作业的现场帮助工作人员快速选择与商品最匹配的箱型。这一算法不仅能够提高打包作业效率，还节省了包装耗材，有利于物流行业绿色、环保、可持续发展。

此外，菜鸟网络推出许多智能装备，以促进物流行业的数字化转型升级，如智能拣选机器人、智能缓存机器人、智能无人配送车、智能无人机等。

除了进行数字化转型升级，菜鸟网络还积极推动同业协作。由于消费市场庞大，加上众多购物节出现，任何一家物流企业都难以单独承担所有的物流业务。因此，菜鸟网络十分重视同业协作，积极发挥开放平台优势，通过系统与数据对接，协同全行业仓储调配、物流人员等资源。

借助超级物流智慧大脑，菜鸟网络还将平台、商家与快递公司之间的数据打通，使各方能够形成积极的互动，促进快递业务高效运转。

　　未来，随着技术的进步与成熟，将有越来越多的智能化技术深入社会生活的方方面面，不仅能够推动企业向着更高效、更多元、更精益的方向转型升级，还能够使人们的生活质量得到全方位提升。

参考文献

［1］刘继红，江平宇．人工智能：智能制造［M］．北京：电子工业出版社，2020.

［2］谭铁牛．人工智能：用 AI 技术打造智能化未来［M］．北京：中国科学技术出版社，2019.

［3］钟华．数字化转型的道与术：以平台思维为核心支撑企业战略可持续发展［M］．北京：机械工业出版社，2020.

［4］马晓东．数字化转型方法论：落地路径与数据中台［M］．北京：机械工业出版社，2021.

［5］刘通．大话数字化转型：迎接全行业的数字未来［M］．北京：电子工业出版社，2022.

［6］刘宇熹．企业数字化转型与实践［M］．北京：清华大学出版社，2023.

［7］温柏坚，高伟，彭泽武，等．大数据运营与管理：数据中心数字化转型之路［M］．北京：机械工业出版社，2021.

［8］姚建明．企业数字化转型［M］．北京：清华大学出版社，2022.

［9］安筱鹏．重构：数字化转型的逻辑［M］．北京：电子工业出

版社，2019.

　　［10］王喜文，朱光辉. 6T 新思维：5G 时代的企业数字化转型与管理之道［M］. 北京：中国人民大学出版社，2022.

　　［11］陈春花. 组织的数字化转型［M］. 北京：机械工业出版社，2023.

　　［12］于海澜，唐凌遥. 企业架构的数字化转型［M］. 北京：清华大学出版社，2019.